비유와 기적

The Gospel Project for Kids

is published quarterly by LifeWay Christian Resources,
One LifeWay Plaza, Nashville, TN 37234, Thom S. Rainer, President
© 2017 LifeWay Christian Resources
Translated and used by permission of LifeWay Christian Resources

This Korean translation edition © 2018 by Duranno Ministry,
38, Seobinggo-ro 65-gil, Yongsan-gu, Seoul, Republic of Korea
Published by arrangement with LifeWay Christian Resources

가스펠 프로젝트

신약 **2**

비유와 기적

고학년 교사용

지은이 · LifeWay Kids
옮긴이 · 권혜신
감수 · 김병훈, 류호성, 김정효

초판 발행 · 2018. 7. 23
2판 1쇄 발행 · 2024. 1. 19
등록번호 · 제1988-000080호
등록된 곳 · 서울특별시 용산구 서빙고로65길 38
발행처 · 사단법인 두란노서원
영업부 · 02) 2078-3352, 3452, 3752, 3781 FAX 080-749-3705
편집부 · 02) 2078-3437
활동연구 · 김찬숙, 이다솔, 한승우, 홍선아

책값은 뒤표지에 있습니다.
ISBN 978-89-531-4566-5 04230 / 978-89-531-4547-4 (세트)

홈페이지 · gospelproject.co.kr / **두란노몰** · mall.duranno.com

차례

① 단원 개요 · 각 과의 목표

● '가스펠 프로젝트'(하나님의 구원 계획)의 연대기적 큰 흐름 속에서 각 단원과 각 과의 주제를 살펴봅니다.

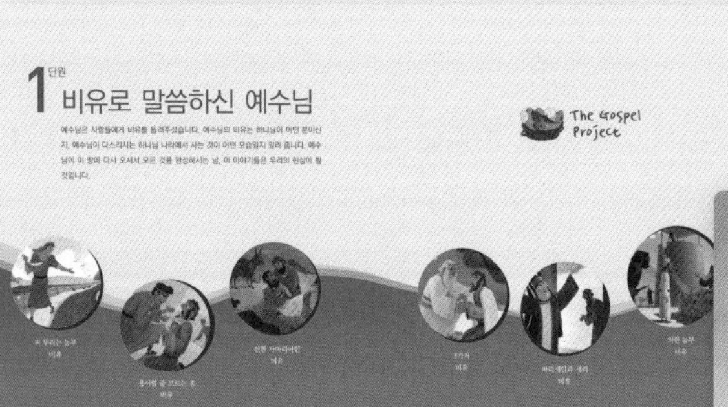

카운트다운 단원별로 제공되는 3분 카운트다운 영상(지도자용 팩)으로, 장소를 옮기거나 시간을 구분 짓는 방법으로 활용할 수 있습니다.

무대 배경 단원별 설교의 도입(들어가기)에서 공통적으로 활용할 수 있는 무대 데코 아이디어로, 배경 이미지(지도자용 팩)를 화면에 띄워 사용할 수 있습니다.

단원 암송 단원의 핵심 메시지가 담긴 성경 구절입니다.

성경의 초점 본문과 관련된 성경의 중심 주제(핵심 교리)를 문답 형식으로 정리한 문장입니다. 단원별 성경의 초점을 익히며 성경의 흐름을 이해하게 합니다.

주제 각 과의 핵심 줄거리를 파악할 수 있습니다.

가스펠 링크 성경 이야기에 담긴 복음을 발견하게 합니다. 모든 성경 이야기는 그리스도와 연결됩니다.

본문 속으로 각 과를 준비하며 묵상할 내용과 티칭 포인트를 제시합니다. 청장년용《가스펠 프로젝트》로 교사 소그룹 모임에서 더 깊은 묵상을 나누며 성경 읽기를 병행할 것을 권유합니다. 부모 소그룹 모임은 교회와 가정을 연계해 교육 효과를 더욱 높여 줄 것입니다.

교사 지도 가이드 영상 교사들이 각 과의 내용과 아이들에게 전달해야 할 핵심을 쉽게 파악할 수 있도록 짧은 예시와 함께 개요를 소개하고 교사를 독려합니다. 홈페이지(gospelproject.co.kr)에서 무료로 활용할 수 있습니다.

말씀 묵상 ②

● 말씀을 묵상하며 어떻게 가르칠 것인가를 기도로 준비합니다.

이야기 성경 '가스펠 설교'에서 사용하는 구어체 설교입니다. 같은 내용의 영상이 지도자용 팩에 있습니다.

교사를 위한 기록장 말씀을 가르치기 전 교사가 발견한 메시지를 기록하며 말씀을 내면화하도록 돕습니다.

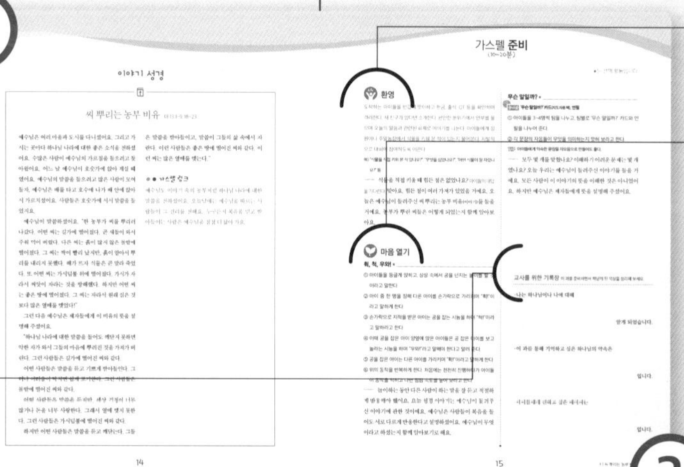

환영 아이들을 맞이하며 나눌 수 있는 대화의 소재를 제안합니다.

마음 열기 이 과의 주제와 연결된 간단한 게임 활동을 소개합니다.

③ 가스펠 준비

● 사전 활동을 살펴봅니다.

④ 가스펠 설교

● 도입 - 전개 - 가스펠 링크 - 복음 초청 - 적용에 이르는 설교 가이드입니다.

들어가기 도입 아이디어를 소개합니다.

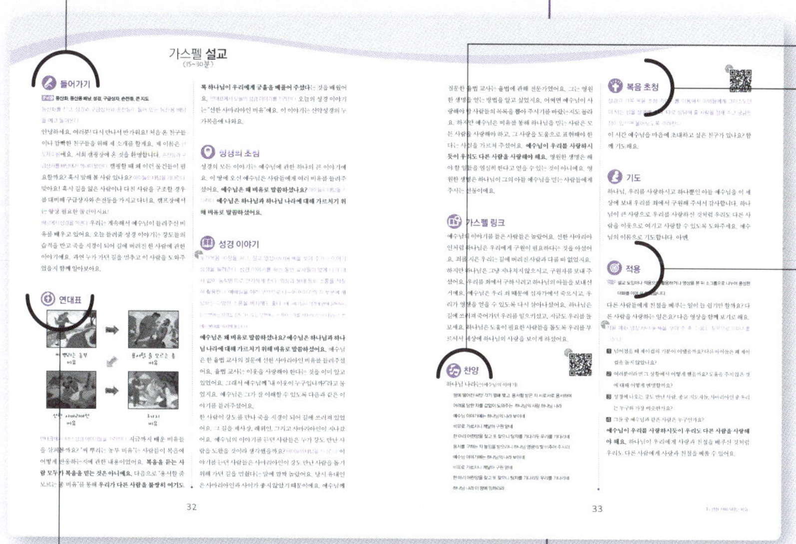

찬양 단원 주제를 담은 찬양, 악보, 율동을 지도자용 팩과 가스펠 프로젝트 홈페이지에서 만날 수 있습니다.

복음 초청 복음을 전하고 영접 기도로 이끌 수 있는 초청 대화를 담았습니다. 지도자용 팩과 가스펠 프로젝트 홈페이지에서 영상을 활용할 수 있습니다.

적용 에피소드를 담은 영상과 질문이 담겨 있습니다. 설교 도입이나 적용 부분에서 활용하거나 영상을 본 뒤 소그룹에서 풍성한 대화를 이어 가는 방법도 추천합니다.

연대표 가스펠 프로젝트(하나님의 구원 계획)의 큰 흐름 속에서 각 과의 위치를 파악해 봅니다.

가스펠 소그룹 ⑤

● 예배 후 소그룹 모임에서 배운 내용을 되새길 수 있는 다양한 활동을 소개합니다.

보물 상자 성경의 메시지와 내 삶을 연결해 보고, 하나님과 일대일 대화를 나누듯 마음을 고백하는 마무리 활동입니다.

나침반 재미있는 게임 활동으로 단원 암송을 익히게 합니다. 부록의 단원 암송 자료와 지도자용 팩의 파일을 활용할 수 있습니다.

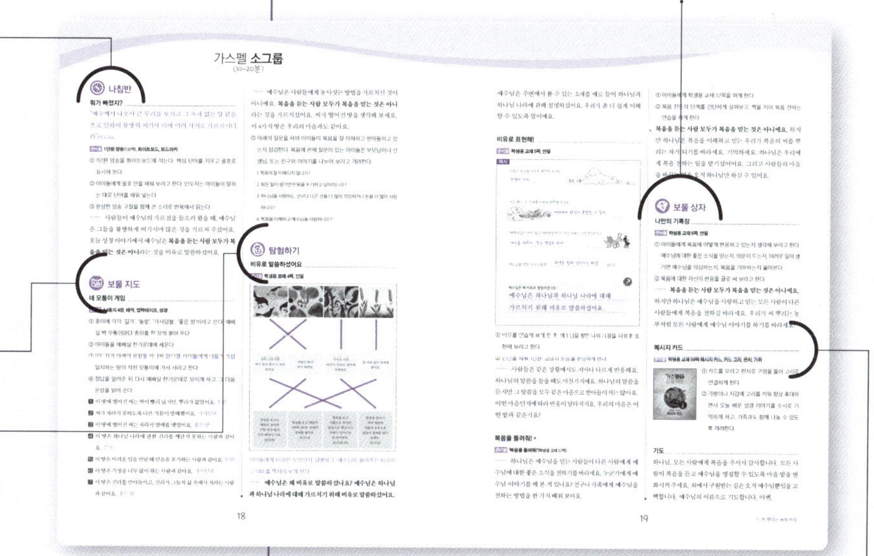

보물 지도 퀴즈와 게임을 통해 성경 이야기를 복습하는 활동입니다.

탐험하기 성경 이야기의 의미를 묵상하며 주제, 가스펠 링크, 성경의 초점 등을 되새기는 확장 활동입니다.

메시지 카드 각 과의 핵심 내용과 가족과 함께하는 활동을 담았습니다.

＊지도자용 팩의 PC 전용 DVD-Rom에 영상, 그림, 음원, 악보, PPT 등의 자료가 있습니다.

● 2017년 3월 28일에 고시된 「외래어 표기법」일부 개정안에 따라 외래어 뒤에 쓰인 산, 강, 왕 등의 일반 명사는 붙여 쓰는 것으로 표기하였습니다.

발간사

두란노서원을 통해 라이프웨이(LifeWay)의《가스펠 프로젝트》성경 공부 교재 시리즈를 발간할 수 있도록 인도하신 하나님께 감사드립니다. 험한 소리로 가득한 세상에 이 책을 다릿돌처럼 놓습니다. 우리 삶은 말씀을 만난 소리로 풍성해져야 합니다. 주님을 만난 기쁨의 소리, 진실 앞에서 탄식하는 소리, 죄를 씻는 울음소리, 소망을 품은 기도 소리로 가득해야 합니다.

《가스펠 프로젝트》는 신구약을 관통하는 예수 그리스도의 복음을 발견하고, 그 가르침을 삶에 적용하는 지혜를 얻도록 기획한 성경 공부 교재입니다. 어린아이부터 어른에 이르기까지 생애 주기에 따른 복음 메시지를 잘 배울 수 있습니다. 또한, 거짓 진리가 미혹하는 이 시대에 건강한 신학과 바른 교리로 말씀을 조명하여 성도의 신앙이 좌로나 우로나 치우치지 않도록 돕습니다.

두란노서원은 지금까지 "오직 성경, 복음 중심, 초교파적 관점"을 바탕으로 한국 교회와 성도를 꾸준히 섬겨 왔습니다. 오직 성경의 정신에 입각해 책과 잡지를 출판해 왔으며, 성경에 근거한 복음 중심의 신학을 포기한 적이 없습니다. 그리고 교단과 교파를 초월하여 교회와 성도가 하나님 나라를 바라볼 수 있도록 돕기 위해 노력해 왔습니다.《가스펠 프로젝트》는 두란노가 지켜 온 세 가지 가치를 충실하게 담은 책입니다.

성경은 구원을 위한 책이며, 구원사의 주인공은 예수 그리스도입니다. 창세기부터 요한계시록까지 오직 예수 그리스도의 복음만을 전하는《가스펠 프로젝트》성경 공부 교재를 통해 복음의 은혜와 진리를 깊이 경험하고, 복음 중심의 삶이 마음 판에 새겨지기를 바랍니다. 그리고 예수 그리스도 복음에 굳게 선 한 사람의 영향력이 가정과 교회와 사회에 흘러감으로써 거룩한 하나님 나라가 확산되어 가기를 소망합니다.

두란노서원 원장 이 형 기

감수사

✠　《가스펠 프로젝트》는 무엇보다도 전통적으로 교회가 풀어 온 흐름을 충실히 따라 성경을 해설하고 있습니다. 그리고 그 방향은 궁극적으로 예수 그리스도를 향해 나아가고 있습니다. 이것은 예수님이 구약과 신약의 모든 성경이 자신을 가리키고 있다고 하신 말씀에 비추어 매우 타당한 것입니다. 게다가 그리스도 중심적 해설을 무리하게 전개하지 않습니다. 각 본문에서 하나님의 구원 언약과 그것을 실현하시는 하나님을 드러내면서, 그리스도의 예표적 설명이 가능한 사건을 놓치지 않고 풀어내고 있습니다.

성경 공부 교재는 명시적으로 혹은 암시적으로 제시하는 교리적 진술이 교리 체계상 건전해야 합니다. 《가스펠 프로젝트》는 99개 조에 이르는 핵심 교리들을 일목요연하게 제시하여 교리의 건전성을 확인할 수 있도록 도움을 줍니다. 《가스펠 프로젝트》의 교리는 교파를 막론하고, 예수 그리스도의 복음에 충실한 복음주의 교회들에게 환영받을 만합니다. 물론 교파마다 약간의 이견을 갖는 부분들이 있을 수 있겠지만, 각 교회에서 교재를 활용하는 데에 무리가 없을 것입니다. 《가스펠 프로젝트》의 특징은 각 과에서 학습한 내용을 핵심 교리와 연결해 주며, 그 결과 그리스도의 복음에 관련한 교리적 이해를 강화시킨다는 데에 있습니다.

끝으로 《가스펠 프로젝트》는 어떤 성경 주해서나 교리 학습서가 갖지 못하는 훌륭한 장점을 가지고 있습니다. 그것은 학습자를 하나님과 그리스도의 복음 앞으로 이끌며, 자신의 신앙과 삶을 돌아보도록 하는 적용의 적실성과 훈련의 효과입니다. 아울러 본문과 관련한 교회사적으로 또 주석적으로 중요한 신학자와 목사의 어록을 제시하고, 심화 토론을 위한 질문을 달아 주고, 선교적 안목을 열어 주는 적용 질문들을 더해 준 것은 《가스펠 프로젝트》에서 얻을 수 있는 커다란 유익입니다.

추천할 만한 마땅한 성경 공부 교재를 찾기가 쉽지 않은 현실에서 《가스펠 프로젝트》는 성경을 개관적으로 매주 한 과씩 3년의 기간 동안 일목요연하게, 그리고 그리스도 중심적으로 공부하도록 이끌어 준다는 점에서, 한국 교회의 기초를 성경 위에 놓는 일에 커다란 공헌을 할 것으로 믿어 의심치 않습니다.

김병훈 _ 합동신학대학원대학교 조직신학 교수

✠　하나님의 말씀이 임하는 곳에는 회복의 역사가 있어서 죽은 뼈들도 힘줄이 생기고 살이 오릅니다(겔 37:8). 왜냐하면 하나님의 말씀은 그 자체에 능력이 있기 때문입니다(눅 1:37). 그분의 말씀은 살아 있고 활력이 있기에 예리하게 혼과 영과 및 관절과 골수를 찔러 쪼개기까지 하며 또 마음의 생각과 뜻을 판단할 것입니다(히 4:12). 하나님의 말씀이 왕성하게 흘러넘쳐 온 세상과 우주를 적실 때에 정의와 사랑(렘 9:24) 그리고 제자의 수가 많아지는 놀라운 부흥을(행 6:7) 경험할 것이고, 악한 세력이 모두 물러가며 새 하늘과 새 땅이 다가올 것입니다.

이를 위해 작은 등불의 역할을 할 《가스펠 프로젝트》는 다음과 같은 특징이 있습니다. 첫째는 성경 전체를 '그리스도 중심'으로 바라본 것입니다. 오실 그리스도(구약)와 오신 그리스도 그리고 앞으로 다시 오실 그리스도(신약)의 관점에서 구약성경과 신약성경을 서로 연결시켜서, 그 속에 담긴 놀라운 하나님의 구원 역사를 보게 합니다. 둘째는 같은 본문으로 교회와 가정 그리고 전 연령층에서 그리스도의 사랑을 배우게 합니다. 이는 특히 가정에서 소통할 기회를 제공하고 사랑과 정의를 실천하는 성숙한 그리스도인으로 성장하도록 이끌어 줍니다. 셋째는 신학적 주제와 기초 교리를 이해하기 쉽게 설명하며 영적 분별력을 향상시키는 데 도움을 줍니다. 넷째는 배운 것을 복음의 씨앗을 뿌리는 선교와 연결시키며 하나님이 주신 사명을 실천하도록 이끄는 것입니다. 이는 복음의 열정을 회복시켜 줍니다.

이러한 특징이 있는《가스펠 프로젝트》는 모든 교단과 교파를 초월해서, 하나님의 섬세한 구원의 손길과 그리스도의 숭고한 십자가의 사랑 그리고 거룩함으로 인도하는 성령님의 이끄심을 배울 수 있는 아주 좋은 성경 공부 교재입니다. 우리는 이를 통해 하나님의 말씀이 이 땅에 흘러넘치며, 복음의 열정을 품고 전 세계로 향하는 많은 전도자들을 세워 갈 수 있을 것입니다

류호성 _ 서울장신대학교 신약학 교수

일반적으로 교육 프로그램의 적절성은 철학적, 사회학적, 심리학적 측면에서 평가됩니다. 이 기준을 주일 학교에 적용해 본다면 신학적으로 맞는지, 교회(사회)의 필요를 잘 충족하는지 그리고 활동에는 학습자의 발달적 특성이 잘 고려되었는지를 살피며 평가가 이루어져야 할 것입니다. 이러한 측면에서 볼 때,《가스펠 프로젝트》저·고학년 신약 시리즈는 다음과 같은 특징이 있습니다.

첫째, 신학적인 측면에서 신약 학습을 성자 하나님이신 예수님께 초점을 맞추고 있다는 점 그리고 예수님이 구약 인물의 계보를 따라 오신 역사적 인물이며 약속된 메시아이심을 강조한다는 점 등이 적절하다고 볼 수 있습니다.

둘째, 교회(사회)의 필요 충족이라는 측면에서 볼 때도, 주일 학교를 담당하는 교육자들의 필요를 꼼꼼히 매우 잘 반영하고 있습니다. 어쩌면《가스펠 프로젝트》는 처음 개발할 때부터 학생보다는 교육자의 필요를 먼저 살핀 교사 친화적 교재라고 할 수 있습니다. 대부분의 세속 학교 프로그램은 학생 교재가 먼저 제작되고 교재를 어떻게 사용해야 하는지에 대한 설명을 하는 용도로 교사용 지도서가 만들어집니다. 그러나《가스펠 프로젝트》를 살펴보면 교회 교육자의 입장에서 설교, 소그룹 활동, 복음에의 초청, 가정과의 연계 활동 등 일련의 활동을 먼저 계획하고 이를 실행할 때 필요한 학생용 교재를 부차적으로 구성했다는 인상이 들 정도로 이를 선택한 교육자들의 필요를 두루 살피며 안정적으로 지원하고 있습니다.

셋째, 교육 심리학적인 측면에서《가스펠 프로젝트》는 초등학교 아동이 가지는 발달 연령기의 특성을 잘 반영하고 있습니다. 이 시기 아동에게는 오감을 사용하는 구체적인 활동이 매우 중요한데《가스펠 프로젝트》는 매우 입체적으로 인지적, 감성적, 행동적인 측면을 총동원할 수 있도록 구성되어 있습니다. 특히 성경의 내용을 지식적으로 이해하는 데에서 머무르지 않고, 아동들의 생활 반경의 경험과 연결하여 의미를 이해하도록 하고, 마지막에는 가정과의 연계 활동을 제안하여 학습의 구체화와 지속성을 더하고 있다는 점이 특징입니다.

마지막으로《가스펠 프로젝트》의 도움으로 교회에서 다음 세대에게 말씀을 전하는 교육자들의 수고가 더욱 많은 열매를 맺을 수 있기를 기대합니다.

김정효 _ 이화여자대학교 초등교육과 교수

추천사

우리를 향한 하나님의 멈추지 않는 사랑, 아들을 내어 주신 아버지 하나님의 놀라운 구원 계획에 눈뜨게 하는 교재입니다. 성경을 꿰뚫는 변함없는 메시지, 예수 그리스도를 만날 수 있는 교재입니다. 유익한 활동과 흥미로운 반복 학습을 통해 기독교 핵심 주제를 접하고, 말씀을 가까이 하며, 가족과 묵상을 나누도록 이끄는 방식에 기대가 큽니다. 다양한 소재의 영상과 그림 자료는 시청각 자료가 부족한 교육 현장에 큰 활력을 불어넣어 줄 것입니다. 교재 내용에 맞게 창작된 찬양은 곡조가 있는 산 기도를 체험하게 도와줄 것입니다. 무미건조한 습관적 예배, 아이들과 소통하지 못해 안타까워했던 부모와 교사, 다음 세대를 걱정하는 교회 지도자들에게 이 교재를 추천합니다.

김요셉 _ 중앙기독학교 교목, 원천침례교회 목사

《가스펠 프로젝트》는 하나님의 말씀으로 우리를 초청해 예수 그리스도를 만나게 하고 사랑하게 만드는 교재입니다. 자녀들이 교회 학교에서, 부모들이 소그룹에서 말씀을 공부한 후 저녁 식탁에 둘러 앉아 예수님에 대해 함께 나눈다는 것은 상상만 해도 너무나 멋지고 복된 일입니다.

김지철 _ 소망교회 담임 목사

우리 시대의 전 세계적 교회 부흥은 두 가지 샘을 갖고 있습니다. 한 샘은 오순절 부흥 운동의 샘입니다. 이 샘으로 많은 시대의 목마른 영혼들이 목마름을 해갈했습니다. 또 하나의 샘은 성경 연구의 샘입니다. 남침례교 주일학교 운동은 이 샘의 개척자입니다. 이 샘으로 지금도 많은 성도가 목마름을 해갈하고 있습니다. 미국 남침례교 라이프웨이 출판사는 성경 연구를 돕는 사역을 충실히 감당해 왔습니다. 《가스펠 프로젝트》는 목마른 영혼들의 필요를 공급하는 원천이 될 것입니다. 《가스펠 프로젝트》는 쉬우면서도 결코 피상적이지 않습니다. 믿음의 단계를 따라 하나님의 자녀들에게 꼭 필요한 복음의 진수를 맛보게 해 줄 것입니다.

이동원 _ 지구촌교회 원로 목사

성경을 공부한다는 것은 성경에 기록된 사실을 배우는 것이 아니라 성경이 가르치는 교리를 배우는 것입니다. 왜냐하면 성경은 독자에게 어떤 새로운 정보를 주기 위해 인간이 쓴 책이 아니라 죄인인 인간에게 구원을 주기 위해 하나님이 쓰신 말씀이기 때문입니다. 그런데 이 구원의 도리인 교리를 성경 본문을 통해 배우기가 쉽지 않기 때문에 좋은 안내서가 필요합니다. 이번에 출간된 《가스펠 프로젝트》는 이와 같은 역할을 탁월하게 수행하고 있기 때문에 기쁜 마음으로 추천합니다.

이성호 _ 고려신학대학원 역사신학 교수

성경은 예수 그리스도를 중심으로 하는 하나님의 구원 이야기입니다. 《가스펠 프로젝트》는 성경이 어떻게 그리스도와 연결되어 있는지, 또 성도의 삶이 하나님의 구원 계획에 어떻게 연결되어야 하는지를 구체적으로 제시합니다. 또한 전 세대를 연결하고, 가정과 교회를 하나 되게 합니다. 신앙의 전수가 중요한 시대에 성도와 교회와 가정이 한마음으로 다음 세대를 준비시키기에 적합합니다. 특히 가정에서 부모가 자녀와 말씀으로 대화를 나눌 수 있게 해 자녀의 신앙 교육에 도움이 될 것입니다.

이재훈 _ 온누리교회 담임 목사

비유로 말씀하신 예수님

예수님은 사람들에게 비유를 들려주셨습니다. 예수님의 비유는 하나님이 어떤 분이신지, 예수님이 다스리시는 하나님 나라에서 사는 것이 어떤 모습일지 알려 줍니다. 예수님이 이 땅에 다시 오셔서 모든 것을 완성하시는 날, 이 이야기들은 우리의 현실이 될 것입니다.

씨 뿌리는 농부
비유

용서할 줄 모르는 종
비유

선한 사마리아인
비유

3가지
비유

바리새인과 세리
비유

악한 농부
비유

카운트다운 – 래프팅

카운트다운 영상(지도자용 팩)을 틀고 예배 준비 자세를 취하도록 격려한다. 예배가 시작되는 시간에 영상이 끝나도록 맞추어 놓는다. 영상이 끝나기 30초 전에 예배 인도자는 정해진 위치에 서서 조용히 기도하는 모범을 보인다.

무대 배경 – 캠핑장에서

작은 텐트를 설치해 캠핑장처럼 꾸민다. 텐트 옆에 랜턴, 등산 가방, 침낭, 작은 접이식 의자 등 캠핑 도구들을 둔다. 작은 통나무나 나뭇가지를 모닥불처럼 쌓아 둔다. 화면에 '캠핑장에서' 배경 이미지(지도자용 팩)를 띄운다.

1 씨 뿌리는 농부 비유

마 13:1~9, 18~23

복음서에는 예수님이 들려주신 비유가 많이 기록되어 있습니다. 이 비유들은 사람들이 하나님 나라를 잘 이해하도록 예수님이 들려주신 이야기입니다. 각 비유는 교훈을 주고, 깨달을 수 있는 사람들에게는 하나님 나라의 비밀도 알려 줍니다(마 13:10~13 참조).

당시 사람들은 씨를 뿌리거나 심는 일에 익숙했기 때문에 씨 뿌리는 농부 비유는 듣는 이들의 공감을 샀을 것입니다. 하지만 여기에는 더 깊은 의미가 있었습니다. 이 비유는 하나님의 말씀과 그 말씀을 듣는 자들의 반응에 대한 교훈이었습니다.

비유에서 농부가 뿌린 씨는 각기 다른 곳에 떨어졌습니다. 어떤 씨는 길가에 떨어져 새들에게 먹혔습니다. 어떤 씨는 돌밭에 떨어졌습니다. 하지만 뿌리가 없어 뙤약볕 아래에서 말라 버렸습니다. 어떤 씨는 가시떨기(가시덤불) 사이에 떨어져 제대로 자라지 못했습니다. 좋은 땅에 떨어진 씨는 100배, 60배, 혹은 30배가 되는 열매를 맺었습니다.

예수님은 비유를 마치신 후 제자들에게 이 이야기의 뜻을 설명해 주셨습니다. 땅은 사람들의 마음을 나타내고, 씨는 하나님 나라에 대한 말씀을 의미합니다.

마음이 딱딱한 사람은 하나님에 대한 좋은 소식을 듣고도 깨닫지 못하거나 거부합니다. 돌밭과 같은 마음을 가진 사람은 진리를 받아들이는 데는 빠르지만, 인생이 힘들어지면 곧 넘어지고 맙니다. 가시덤불과 같은 마음을 가진 사람은 하나님에 대한 좋은 소식보다 이 세상의 일에 더 정신이 팔려 말씀이 자라날 수 없습니다. 좋은 땅과 같은 마음을 가진 사람은 하나님에 대한 좋은 소식을 듣고 받아들입니다. 그리고 처음 심은 것보다 많은 열매를 맺습니다. 성도의 삶에는 성령의 열매(갈 5:22~23 참조)가 뚜렷이 나타나기 마련입니다.

● ● 티칭 포인트

오늘날에도 사람들은 다양한 모습으로 복음에 반응합니다. 씨 뿌리는 농부 비유를 가르칠 때 여러분이 지도하는 아이들을 위해 기도하십시오. 하나님이 아이들에게 말씀을 받아들이는 마음을 주셔서 예수님에 대한 좋은 소식을 듣고 이해하고 변화되게 해 달라고 말입니다.

주 제

복음을 듣는 사람 모두가 복음을 믿는 것은 아니에요.

가스펠 링크

예수님도 이야기 속의 농부처럼 하나님 나라에 대한 말씀을 전하셨어요. 누구든지 복음을 믿고 받아들이는 사람은 예수님을 점점 더 닮아 가요.

씨 뿌리는 농부 비유 마 13:1~9, 18~23

예수님은 여러 마을과 도시를 다니셨어요. 그리고 가시는 곳마다 하나님 나라에 대한 좋은 소식을 전하셨어요. 수많은 사람이 예수님의 가르침을 들으려고 찾아왔어요. 어느 날 예수님이 호숫가에 앉아 계실 때였어요. 예수님의 말씀을 들으려고 많은 사람이 모여들자, 예수님은 배를 타고 호수에 나가 배 안에 앉아서 가르치셨어요. 사람들은 호숫가에 서서 말씀을 들었지요.

예수님이 말씀하셨어요. "한 농부가 씨를 뿌리러 나갔다. 어떤 씨는 길가에 떨어졌다. 곧 새들이 와서 주워 먹어 버렸다. 다른 씨는 흙이 많지 않은 돌밭에 떨어졌다. 그 씨는 싹이 빨리 났지만, 흙이 얕아서 뿌리를 내리지 못했다. 해가 뜨자 식물은 곧 말라 죽었다. 또 어떤 씨는 가시덤불 위에 떨어졌다. 가시가 자라서 씨앗이 자라는 것을 방해했다. 하지만 어떤 씨는 좋은 땅에 떨어졌다. 그 씨는 자라서 원래 심은 것보다 많은 열매를 맺었다!"

그런 다음 예수님은 제자들에게 이 비유의 뜻을 설명해 주셨어요.

"하나님 나라에 대한 말씀을 들어도 깨닫지 못하면 악한 자가 와서 그들의 마음에 뿌려진 것을 가져가 버린다. 그런 사람들은 길가에 떨어진 씨와 같다.

어떤 사람들은 말씀을 듣고 기쁘게 받아들인다. 그러나 어려움이 닥치면 쉽게 포기한다. 그런 사람들은 돌밭에 떨어진 씨와 같다.

어떤 사람들은 말씀을 듣지만, 세상 걱정이 너무 많거나 돈을 너무 사랑한다. 그래서 열매 맺지 못한다. 그런 사람들은 가시덤불에 떨어진 씨와 같다.

하지만 어떤 사람들은 말씀을 듣고 깨닫는다. 그들은 말씀을 받아들이고, 말씀이 그들의 삶 속에서 자란다. 이런 사람들은 좋은 땅에 떨어진 씨와 같다. 이런 씨는 많은 열매를 맺는다."

●● 가스펠 링크

예수님도 이야기 속의 농부처럼 하나님 나라에 대한 말씀을 전하셨어요. 오늘날에는 예수님을 따르는 사람들이 그 진리를 전해요. 누구든지 복음을 믿고 받아들이는 사람은 예수님을 점점 더 닮아 가요.

가스펠 준비
(10~20분)

 환영

도착하는 아이들을 반갑게 맞이하고 헌금, 출석, QT 등을 확인하며 격려한다. 새 친구가 있다면 소개한다. 편안한 분위기에서 안부를 물으며 오늘의 말씀과 관련된 화제로 이야기를 나눈다. 아이들에게 정원이나 주말농장에서 식물을 키워 본 적이 있는지 물어본다. 자발적으로 대화에 참여하도록 이끈다.

예) "식물을 직접 키워 본 적 있나요?", "무엇을 심었나요?", "어떤 식물이 잘 자랐나요?" 등.

━━ 식물을 직접 키울 때 힘든 점은 없었나요? 아이들의 대답을 기다린다. 맞아요. 힘든 점이 여러 가지가 있었을 거예요. 오늘은 예수님이 들려주신 씨 뿌리는 농부 비유(이야기)를 들을 거예요. 농부가 뿌린 씨들은 어떻게 되었는지 함께 알아보아요.

 마음 열기

휙, 척, 우와! *

① 아이들을 둥글게 앉히고, 상상 속에서 공을 던지는 놀이를 할 것이라고 말한다.

② 아이 중 한 명을 정해 다른 아이를 손가락으로 가리키며 "휙!"이라고 말하게 한다.

③ 손가락으로 지적을 받은 아이는 공을 잡는 시늉을 하며 "척!"이라고 말하라고 한다.

④ 이때 공을 잡은 아이 양옆에 앉은 아이들은 공 잡은 아이를 보고 놀라는 시늉을 하며 "우와!"라고 말해야 한다고 알려 준다.

⑤ 공을 잡은 아이는 다른 아이를 가리키며 "휙!"이라고 말하게 한다.

⑥ 위의 동작을 반복하게 한다. 처음에는 천천히 진행하다가 아이들이 동작을 익히고 나면 점점 속도를 높여 보라고 한다.

━━ 놀이하는 동안 다른 사람이 하는 말을 잘 듣고 적절하게 반응해야 했어요. 오늘 성경 이야기는 예수님이 들려주신 이야기에 관한 것이에요. 예수님은 사람들이 복음을 들어도 서로 다르게 반응한다고 설명하셨어요. 예수님이 무엇이라고 하셨는지 함께 알아보기로 해요.

무슨 말일까? *

준비물 '무슨 말일까?' 카드(지도자용 팩), 연필

① 아이들을 3~4명씩 팀을 나누고, 팀별로 '무슨 말일까?' 카드와 연필을 나누어 준다.

② 각 문장의 자음들이 무엇을 의미하는지 맞혀 보라고 한다.

TIP 아이들에게 익숙한 문장을 자모음으로 만들어도 좋다.

━━ 모두 몇 개를 맞혔나요? 이해하기 어려운 문제는 몇 개였나요? 오늘 우리는 예수님이 들려주신 이야기를 들을 거예요. 모든 사람이 이 이야기의 뜻을 이해한 것은 아니었어요. 하지만 예수님은 제자들에게 뜻을 설명해 주셨어요.

교사를 위한 기록장 이 과를 준비하면서 깨닫게 된 묵상을 정리해 보세요.

· 나는 하나님이나 나에 대해

알게 되었습니다.

· 이 과를 통해 기억하고 싶은 하나님의 약속은

입니다.

· 아이들에게 전하고 싶은 메시지는

입니다.

가스펠 설교
(15~30분)

 들어가기

준비물 **등산화, 등산용 배낭, 성경, 삽**

등산화를 신고, 성경이 들어 있는 등산용 배낭을 메고 들어온다. 작은 삽을 들고 있다.

안녕하세요, 여러분! 제 이름은 인도자 이름이에요. 혹시 캠핑해 본 사람 있나요? 오늘 여러분과 함께 캠핑하게 되어 정말 기뻐요. 저는 방금 캠핑 준비를 다 마쳤어요. 이 삽으로 모닥불을 피울 구멍도 팠지요. 어휴, 땅이 어찌나 단단하던지 고생 좀 했답니다!

여러분은 캠핑할 때 직접 해 보고 싶은 일이 있나요? 무엇인가요? 아이들의 대답을 기다린다. 정말 재미있겠군요! 저는 모닥불 주위에 둘러앉아 사람들과 함께 이야기 나누는 것을 제일 좋아해요. 오늘, 그리고 앞으로 만날 때마다 우리가 하려는 것도 바로 이것이지요. 배낭을 벗고 성경을 꺼낸다.

 연대표

'어린이를 위한 가스펠 프로젝트_하나님의 구원 계획' 영상(지도자용 팩)을 보여 주고 오늘의 성경 이야기도 하나님의 거대한 구원 계획의 한 부분에 속하는 이야기임을 상기시킨다.

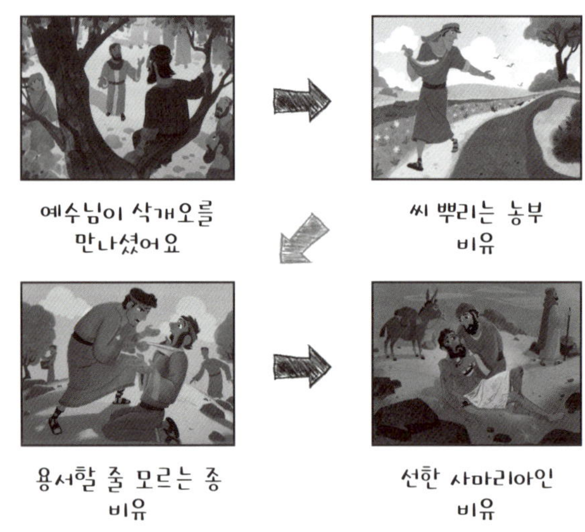

예수님이 삭개오를 만나셨어요

씨 뿌리는 농부 비유

용서할 줄 모르는 종 비유

선한 사마리아인 비유

성경에 담긴 이야기들은 하나의 큰 이야기를 완성해요. 바로 하나님이 하나뿐인 아들 예수님을 보내 사람들을 죄에서 구하시는 이야기예요. 예수님은 사람들에게 하나님과 하나님 나라에 대해 가르치셨어요. 때로는 비유로 가르치셨지요. 어떤 내용을 직접 설명하지 않고 그 의미를 다른 것에 빗대어 표현하는 것을 비유라고 해요. 연대표에서 오늘의 성경 이야기를 가리킨다. 오늘은 "씨 뿌리는 농부 비유"를 함께 들을 거예요.

 성경의 초점

성경에는 예수님을 이 땅에 보내 사람들을 죄에서 구하시려는 하나님의 계획에 관한 이야기들이 들어 있어요. 그런데 여러분, 그거 아세요? 성경에는 예수님이 직접 들려주신 이야기도 있어요. 예수님은 이야기를 들려주실 때 일상생활에서 쉽게 볼 수 있는 소재를 가지고 비유로 이야기하셨어요. 함께 예수님이 말씀하시는 비유를 들으며 '성경의 초점' 질문의 답을 찾아 보기로 해요. '성경의 초점' 질문은 **"예수님은 왜 비유로 말씀하셨나요?"**예요.

 성경 이야기

마태복음 13장을 펴고, 설교 영상(지도자용 팩)을 보여 주거나 이야기 성경을 들려준다. 이야기를 하면서 아이들 사이를 걸어 다니며 씨 뿌리는 흉내를 내거나, 이야기와 어울리는 음향 효과를 사용해도 좋다.

(예 : 예수님의 말씀을 듣기 위해 사람들이 모이는 장면에서는 웅성거리는 군중 소리, 씨가 새에게 먹히는 부분에서는 '까악까악' 하는 까마귀 소리, 돌밭에서는 자갈이 굴러가는 소리, 태양 볕에 씨가 마르는 부분에서는 지글거리는 소리 등을 낸다)

예수님이 들려주신 이야기에서 농부가 뿌린 씨는 4가지 종류의 땅에 떨어졌어요. 땅의 종류를 말해 볼 수 있나요? (길가, 돌밭, 가시덤불, 좋은 땅)

지금 예수님은 사람들에게 농사 기술을 가르치시는 것이 아니에요. **예수님은 하나님과 하나님 나라에 대해 가르치기 위해 비유로 말씀하셨어요.** 이 이야기에서 씨는 하나님 나라에 관한 진리를 말해요. 예수님은 길가에 떨어진 씨는 진리를 듣고도 이해하지 못하는 사람과 같다고 하셨어요. 그런 사람들에게 복음을 전하면 아마도 "말도 안 돼!"라고 할 거예요. 돌밭에 떨어진 씨는 진리를 듣고 즉시 믿지만, 삶이 힘들어지면 믿음을 버리는 사람들과 같아요. 그런 사람들은 처음에는 기뻐하며 복음을 듣고 받아들이지만, 힘들고 어려운 일이 생기면 더는 예수님을 믿지 않지요. "이런 일이 일어나게 하시는 하나님이라니, 난 못 믿겠어"라고 말하면서 말이에요.

가시덤불에 떨어진 씨는 진리를 듣긴 하지만, 좀처럼 믿지 못하는 사람과 같아요. 하나님을 믿는 것보다 이 세상의 걱정에 사로잡혀 있지요.

그러나 좋은 땅에 떨어진 씨는 진리를 듣고 믿는 사람들과 같아요. 그런 사람들은 복음을 듣고 "우와, 정말 좋은 소식이군! 예수님이 나의 주님이고 구원자시라는 것을 믿어"라고 말할 거예요. 진리가 그들의 마음을 바꾸었기 때문에 예수님을 더 알게 되고 더 사랑하게 되지요.

 가스펠 링크

예수님도 이야기 속의 농부처럼 하나님 나라에 대한 말씀을 전하셨어요. 오늘날에는 예수님을 따르는 사람들이 그 진리를 전해요. 누구든지 복음을 믿고 받아들이는 사람은 예수님을 점점 더 닮아 가요.

누구나 죄인으로 태어난다는 사실을 알고 있나요? 우리 마음은 단단한 길가나 돌밭 또는 가시덤불이 무성한 땅과 같아요. 하나님이 우리 마음을 부드럽게 하시고 단단한 땅을 부드럽게 바꾸셔서 복음을 받아들일 수 있는 비옥한 땅으로 만들어 주시는 거예요. 하나님 나라와 예수님에 관한 좋은 소식을 들을 때 기쁘게 받아들이고, 예수님을 믿을 수 있도록 말이에요.

 복음 초청

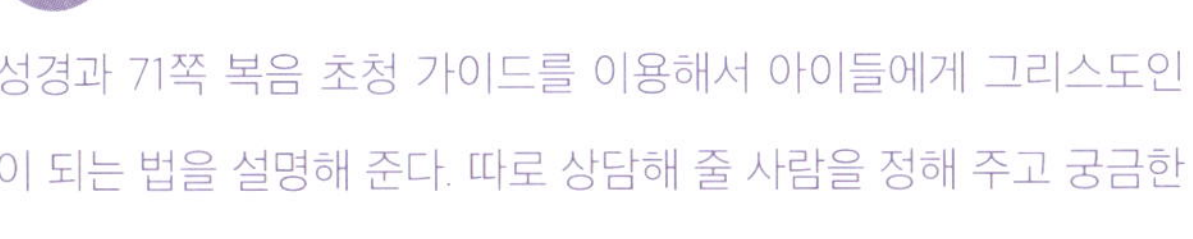

성경과 71쪽 복음 초청 가이드를 이용해서 아이들에게 그리스도인이 되는 법을 설명해 준다. 따로 상담해 줄 사람을 정해 주고 궁금한 점이 있으면 물어보도록 격려한다.

이 시간 예수님을 마음에 모시고 싶은 친구는 함께 기도해요.

 기도

하나님, 예수님을 이 땅에 보내 우리를 죄에서 구원해 주셔서 감사합니다. 오늘 성경 이야기를 통해 우리의 마음을 돌아보았습니다. 우리의 마음이 단단한 길가나 돌밭, 가시덤불과 같다면 이를 좋은 땅으로 바꾸어 주세요. 하나님을 더 욱더 사랑하고, 믿음 안에서 자라나도록 함께해 주세요. 예수님의 이름으로 기도합니다. 아멘.

 적용

TIP 설교 도입이나 적용으로 활용하거나 영상을 본 뒤 소그룹으로 나누어 풍성한 대화를 이어 갈 수 있습니다.

같은 소식을 듣고도 사람마다 다르게 반응하는 모습을 본 적 있나요? 왜 그럴까요? 다음 영상을 함께 보기로 해요.

적용 예화 영상(지도자용 팩)을 보여 준 후, 다음의 질문으로 이야기를 나눈다.

1 모두 같은 소식을 들었지만, 각각의 아이가 보여 준 반응은 어땠나요?

2 왜 아이들의 반응이 저마다 달랐을까요?

3 우리가 누군가에게 예수님에 관한 이야기를 했을 때, 그 사람이 보이는 반응은 우리의 책임일까요?

복음을 듣는 사람 모두가 복음을 믿는 것은 아니에요. 하지만 기자가 모든 사람에게 뉴스를 전하듯이, 우리도 예수님에 관한 좋은 소식을 모두에게 전해야 해요. 그 사람이 믿지 않을 것 같아도 말이에요. 우리는 하나님이 사람들의 마음을 변화시키셔서 예수님에 관한 좋은 소식을 듣고 죄에서 구원받게 해 달라고 기도할 수 있어요. 그리고 하나님이 하나님의 구원 계획을 이루어 가실 것을 믿음으로 바라보는 거예요.

 나침반

뭐가 빠졌지?

"예수께서 나오사 큰 무리를 보시고 그 목자 없는 양 같음으로 인하여 불쌍히 여기사 이에 여러 가지로 가르치시더라"(막 6:34).

준비물 1단원 암송(132쪽), 화이트보드, 보드마커

① 1단원 암송을 화이트보드에 적는다. 핵심 단어를 지우고 괄호로 표시해 둔다.

② 아이들에게 괄호 안을 채워 보라고 한다. 인도자는 아이들이 말하는 대로 단어를 채워 넣는다.

③ 완성한 암송 구절을 함께 큰 소리로 반복해서 읽는다.

— 사람들이 예수님의 가르침을 들으러 왔을 때, 예수님은 그들을 불쌍하게 여기시며 많은 것을 가르쳐 주셨어요. 오늘 성경 이야기에서 예수님은 **복음을 듣는 사람 모두가 복음을 믿는 것은 아니**라는 것을 비유로 말씀하셨어요.

 보물 지도

네 모퉁이 게임

준비물 A4용지 4장, 매직, 접착테이프, 성경

① 종이에 각각 '길가', '돌밭', '가시덤불', '좋은 땅'이라고 쓴다. 예배실 벽 모퉁이마다 종이를 한 장씩 붙여 둔다.

② 아이들을 예배실 한가운데에 세운다.

③ 인도자가 아래의 문장을 하나씩 읽으면, 아이들에게 내용과 가장 일치하는 땅이 적힌 모퉁이에 가서 서라고 한다.

④ 정답을 알려준 뒤 다시 예배실 한가운데로 모이게 하고, 그 다음 문장을 읽어 준다.

1 이 땅에 떨어진 씨는 싹이 빨리 났지만, 뿌리가 없었어요. 돌밭

2 씨가 자라지 못하도록 다른 식물이 방해했어요. 가시덤불

3 이 땅에 떨어진 씨는 자라서 열매를 맺었어요. 좋은 땅

4 이 땅은 하나님 나라에 관한 진리를 깨닫지 못하는 사람과 같아요. 길가

5 이 땅은 어려운 일을 만날 때 믿음을 포기하는 사람과 같아요. 돌밭

6 이 땅은 걱정을 너무 많이 하는 사람과 같아요. 가시덤불

7 이 땅은 진리를 받아들이고, 진리가 그들의 삶 속에서 자라는 사람과 같아요. 좋은 땅

— 예수님은 사람들에게 농사짓는 방법을 가르치신 것이 아니에요. **복음을 듣는 사람 모두가 복음을 믿는 것은 아니**라는 것을 가르치셨어요. 씨가 떨어진 땅을 생각해 보세요. 이 4가지 땅은 우리의 마음과도 같아요.

⑤ 아래의 질문을 하며 아이들이 복음을 잘 이해하고 받아들이고 있는지 점검한다. 복음에 관해 질문이 있는 아이들은 부모님이나 선생님, 또는 친구와 이야기를 나누어 보라고 격려한다.

1. 복음이 잘 이해되지 않나요?

2. 힘든 일이 생기면 믿음을 포기하고 싶어지나요?

3. 하나님을 사랑하는 것보다 다른 것을 더 많이 걱정하거나 돈을 더 많이 사랑하나요?

4. 복음을 이해하고 예수님을 사랑하나요?

 탐험하기

비유로 말씀하셨어요

준비물 학생용 교재 4쪽, 연필

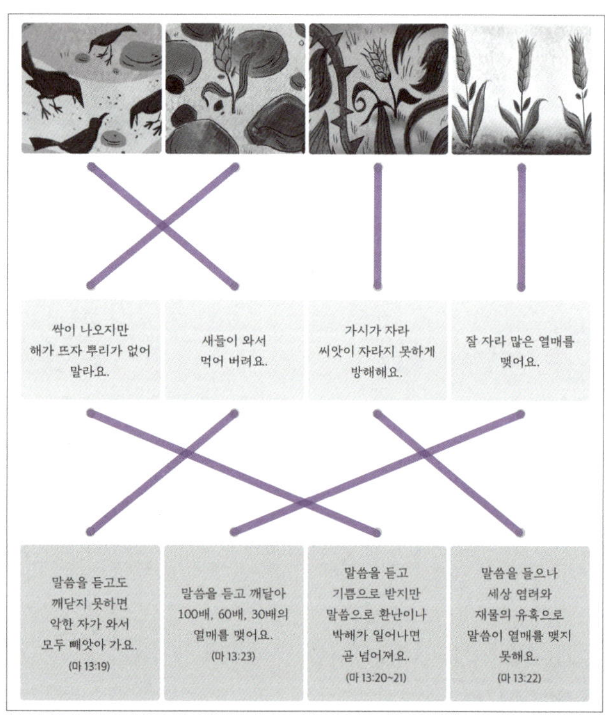

아이들에게 비유란 무엇인지 설명하고, 예수님이 들려주신 비유와 그 의미를 짝지어 보게 한다.

— 예수님은 왜 비유로 말씀하셨나요? 예수님은 하나님과 하나님 나라에 대해 가르치기 위해 비유로 말씀하셨어요.

예수님은 주변에서 볼 수 있는 소재를 예로 들어 하나님과 하나님 나라에 관해 설명하셨어요. 우리가 좀 더 쉽게 이해할 수 있도록 말이에요.

비유로 표현해!

준비물 학생용 교재 5쪽, 연필

① 비유를 연습해 보게 한 후, 예수님을 향한 나의 사랑을 비유로 표현해 보라고 한다.

② 빈칸을 채워 1단원 '성경의 초점'을 완성하게 한다.

    사람들은 같은 상황에서도 저마다 다르게 반응해요. 하나님의 말씀을 들을 때도 마찬가지예요. 하나님의 말씀을 듣지만 그 말씀을 모두 같은 마음으로 받아들이지는 않아요. 어떤 마음인지에 따라 반응이 달라지지요. 우리의 마음은 어떤 밭과 같은가요?

복음을 들려줘! *

준비물 '복음을 들려줘!'(학생용 교재 57쪽)

    하나님은 예수님을 믿는 사람들이 다른 사람에게 예수님에 대한 좋은 소식을 전하기를 바라세요. 누군가에게 예수님 이야기를 해 본 적 있나요? 친구나 가족에게 예수님을 전하는 방법을 한 가지 배워 보아요.

① 아이들에게 학생용 교재 57쪽을 펴게 한다.

② 복음 전도의 단계를 간단하게 살펴보고, 짝을 지어 복음 전하는 연습을 하게 한다.

복음을 듣는 사람 모두가 복음을 믿는 것은 아니에요. 하지만 하나님은 복음을 이해하고 믿는 우리가 복음의 씨를 뿌리는 자가 되기를 바라세요. 기억하세요. 하나님은 우리에게 복음 전하는 일을 맡기셨어요. 그리고 사람들의 마음을 바꾸는 일은 오직 하나님만 하실 수 있어요.

 보물 상자

나만의 기록장

준비물 학생용 교재 6쪽, 연필

① 아이들에게 복음에 어떻게 반응하고 있는지 생각해 보라고 한다. 예수님에 대한 좋은 소식을 믿는지, 의문이 드는지, 어려운 일이 생기면 예수님을 의심하는지, 복음을 거부하는지 물어본다.

② 복음에 대한 자신의 반응을 글로 써 보라고 한다.

    복음을 듣는 사람 모두가 복음을 믿는 것은 아니에요. 하지만 하나님은 예수님을 사랑하고 믿는 모든 사람이 다른 사람들에게 복음을 전하길 바라세요. 우리가 씨 뿌리는 농부처럼 모든 사람에게 예수님 이야기를 하기를 바라세요!

메시지 카드

준비물 학생용 교재 59쪽 메시지 카드, 카드 고리, 펀치, 가위

① 카드를 오리고 펀치로 구멍을 뚫어 고리로 연결하게 한다.

② 가방이나 지갑에 고리를 끼워 항상 휴대하면서 오늘 배운 성경 이야기를 수시로 기억하게 하고, 가족과도 함께 나눌 수 있도록 격려한다.

기도

하나님, 모든 사람에게 복음을 주셔서 감사합니다. 모든 사람이 복음을 듣고 예수님을 영접할 수 있도록 마음 밭을 변화시켜 주세요. 죄에서 구원받는 길은 오직 예수님뿐임을 고백합니다. 예수님의 이름으로 기도합니다. 아멘.

2 용서할 줄 모르는 종 비유

마 18:21~35

예수님이 제자들을 가르치고 계실 때 베드로가 예수님께 물었습니다. "주여 형제가 내게 죄를 범하면 몇 번이나 용서하여 주리이까?" 베드로는 7번을 제시했습니다. 당시 유대인은 3번 용서하는 것을 표준으로 삼고 있었기 때문에 아마 베드로는 자신이 엄청난 관용을 베풀고 있다고 생각했을 것입니다. 예수님은 용서할 줄 모르는 종의 이야기를 통해 베드로의 질문에 답하셨습니다.

비유에서 한 종이 자기 왕에게 1만 달란트를 빚졌습니다. 1달란트는 20년 치 품삯과 같으므로, 1만 달란트는 결코 갚을 수 없을 만큼 큰 빚을 의미합니다. 우리가 하나님이나 동료에게 죄를 지었을 때는 그 값을 산정할 수 없다는 의미이기도 합니다. 빚을 갚지 못해 감옥에 갇히게 된 종은 왕에게 돈 갚을 시간을 더 달라고 간청했습니다. 그런데 왕은 오히려 종을 감옥에서 풀어 주고 그의 빚을 없애 주었습니다.

왕에게 큰 은혜를 입은 종이 감옥에서 나와 자신에게 100일 치 품삯에 해당하는 100데나리온 빚진 동료를 만났습니다. 그 동료는 종에게 제발 시간을 더 달라고 간청했습니다. 하지만 종은 그의 간청을 거절하고 감옥에 가두어 버렸습니다. 이 이야기를 전해 들은 왕은 엄청나게 큰 빚을 면제받은 종이 작은 빚을 진 사람을 불쌍히 여기지 않은 일에 화가 났습니다. 그래서 왕은 원래 빚을 다 갚을 때까지 종을 감옥에 가두어 버렸습니다. 예수님은 자기 형제를 용서하지 않는 사람에게 하나님도 왕과 똑같이 하실 것이라고 말씀하시면서 이야기를 맺으셨습니다.

비유 속의 왕은 하나님이고, 무자비한 종은 바로 우리입니다. 죄인인 우리는 하나님께 결코 갚을 수 없는 빚을 지고 있습니다. 우리는 죄 때문에 벌을 받아야 하는 자들이지만 성부 하나님은 아들이신 예수님을 보내셔서 우리 빚을 대신 갚으시는 사랑을 베푸셨습니다. 예수님은 우리가 결코 할 수 없는 완벽한 삶을 사셨고, 마땅히 죽어야 할 우리를 대신해 죽으셨습니다. 우리는 믿음의 빈손 외에는 하나님께 드릴 것이 아무것도 없습니다. 오직 예수님을 믿음으로 죄를 완전히 용서받을 뿐입니다.

● ● 티칭 포인트

아이들을 가르칠 때, 하나님이 우리를 불쌍히 여기시는 것은 우리도 다른 사람을 불쌍히 여기기를 바라시기 때문이라는 점을 강조하십시오. 3번도 아니고, 7번도 아니고, 셀 수 없을 만큼 계속해서 말입니다. 우리는 하나님께 엄청나게 큰 빚을 면제받은 자들입니다. 그러므로 누가 우리에게 죄를 짓더라도 용서할 수 있어야 합니다.

주 제

우리가 다른 사람을 불쌍히 여기도록 하나님이 우리에게 긍휼을 베풀어 주셨어요.

가스펠 링크

우리가 죄를 고백하고 예수님을 믿으면 하나님은 우리 죄를 완전히 용서하세요. 하나님이 이처럼 우리를 용서해 주셨기 때문에 우리도 다른 사람을 용서할 수 있어요.

용서할 줄 모르는 종 비유 마 18:21~35

베드로가 예수님께 물었어요. "누군가 제게 잘못을 저지르면 몇 번이나 용서해야 합니까? 7번 용서하면 되겠습니까?"

예수님이 대답하셨어요. "7번이 아니라 7번씩 70번까지라도 용서해 주어라!"

그런 다음 예수님은 하나님 나라의 용서는 어떤 것인지 비유를 들려주셨어요.

예수님이 말씀하셨어요. "어느 날 한 왕이 자기 종들을 모두 불러 그들이 왕에게 진 빚이 얼마인지 물었다. 왕에게 1만 *달란트나 되는 빚을 진 종이 있었다. 하지만 종에게는 갚을 돈이 하나도 없었기 때문에, 왕은 종과 종의 가족까지 모두 노예로 팔아 빚을 갚으라고 명령했다.

하지만 종은 무릎을 꿇고 엎드려 왕에게 이렇게 간청했다. '제발 시간을 조금만 더 주십시오. 제가 꼭 다 갚겠습니다!' 왕은 종을 불쌍하게 여겼다. 그래서 그를 감옥에서 풀어 주고 빚도 모두 없애 주었다.

종이 왕의 앞을 떠나 길을 가다가 자기에게 100 *데나리온을 빚진 동료와 마주쳤다. 종은 그 사람의 멱살을 잡고 이렇게 호통을 쳤다. '나한테 빚진 돈을 갚아라!'

동료가 종에게 무릎을 꿇고 엎드려 간청했다. '제발 시간을 조금만 더 주게. 내가 꼭 다 갚겠네!' 하지만 종은 그의 간청을 무시하고 그를 감옥에 가두어 버렸다.

그 사람을 딱하게 여긴 다른 종들이 이 일을 왕에게 알렸다. 왕은 자기가 용서해 주었던 종을 불러 이렇게 말했다. '이 악한 사람아! 나는 네가 결코 갚을 수 없는 큰 빚을 없애 주었는데, 너는 그렇게 작은 빚을 진 네 동료를 용서해 줄 수 없었느냐?' 왕은 화가 나서 종에게 벌을 내리고 원래 갚아야 했던 빚을 모두 갚으라고 했다."

예수님이 말씀하셨어요. "너희가 서로를 용서하지 않으면 하늘에 계신 내 아버지께서도 너희에게 이와 같이 하실 것이다."

● ● 가스펠 링크

우리는 아무리 애를 써도 하나님께 진 빚을 갚을 수 없고, 우리 죄에 대한 하나님의 벌을 없앨 수 없어요. 예수님은 우리의 죗값을 치르고 우리 대신 벌을 받으려고 이 땅에 오셔서 십자가에서 죽으셨어요. 우리가 죄를 고백하고 예수님을 믿으면 하나님은 우리 죄를 완전히 용서하세요. 하나님이 이처럼 우리를 용서해 주셨기 때문에 우리도 다른 사람을 용서할 수 있어요.

*달란트 : 1달란트는 6천 데나리온이며 20년 치 품삯과 같다. 1만 달란트는 가능할 수 없이 큰 금액을 의미한다.

*데나리온 : 1데나리온은 하루 치 품삯과 같다.

가스펠 준비
(10~20분)

환영

도착하는 아이들을 반갑게 맞이하고 헌금, 출석, QT 등을 확인하며 격려한다. 새 친구가 있다면 소개한다. 편안한 분위기에서 안부를 물으며 오늘의 말씀과 관련된 화제로 이야기를 나눈다. 아이들에게 누군가를 용서한 적이 있는지 물어본다. 자발적으로 대화에 참여하도록 이끈다. 예) "누군가를 용서해 본 적이 있나요?", "누군가에게 용서받은 적이 있나요?", "용서를 받으면 어떤 기분이 드나요?" 등.

―― 어떤 때 용서를 하거나 용서를 받나요? 오늘 성경 이야기에서 예수님은 용서에 관한 비유를 들려주세요. 어떤 이야기인지 함께 들어 보기로 해요.

마음 열기

용서하는 사람 * ―――――――――――――――――

준비물 의자

① 아이 중 '용서하는 사람'(술래)을 한 명 정하고, 벽을 바라보고 의자에 앉게 한다.

② 나머지 아이 중 한 명이 술래의 등을 손가락으로 콕 찌르며 "네 등을 찔러서 미안해"라고 말하게 한다. 이때 술래가 누구인지 맞힐 수 없도록 목소리를 바꿔서 말하게 한다.

③ 술래는 뒤돌아 자신의 등을 찌른 아이를 찾아 "그래, 너를 용서할게"라고 말하라고 한다.

④ 3회 안에 등을 찌른 아이를 맞히면 술래를 바꾸어 놀이를 반복한다.

―― 놀이하는 동안 여러분이 사과할 때마다 용서하는 사람은 여러분을 용서해 주었어요. 그렇다면 우리도 살아가면서 다른 사람을 용서해야 할까요? 몇 번이나 용서해야 할까요? 3번? 5번? 100번? 오늘 우리가 들을 성경 이야기에도 똑같은 질문이 나올 거예요.

상금 놀이 * ―――――――――――――――――

준비물 장난감 돈(1,000원짜리 지폐)

① 아이들에게 팔 벌려 뛰기를 25번 하게 한다.

② 과제를 성공한 아이에게 장난감 돈 1,000원을 준다.

③ 아이들이 팔 벌려 뛰기를 25번 완료할 때마다 아이들에게 아래

의 질문을 한다.

· 십만 원을 벌기 위해서는 팔 벌려 뛰기를 몇 번 해야 하나요? 2,500번

· 천만 원을 벌기 위해서는 몇 번 뛰어야 하나요? 25만 번

―― 우와, 팔 벌려 뛰기를 정말 많이 해야겠네요. 팔 벌려 뛰기만으로는 천만 원을 모으기 어려울 것 같아요. 오늘 우리는 도저히 갚을 수 없을 만큼 큰 빚을 진 어떤 종의 이야기를 들을 거예요. 2만 년 동안 일해야만 갚을 수 있는 빚이었다고 해요! 과연 어떤 이야기인지 함께 들어볼까요?

교사를 위한 기록장 이 과를 준비하면서 깨닫게 된 묵상을 정리해 보세요.

· 하나님이나 나에 대해 새롭게 알게 된 것은?

· 기억하고 싶은 하나님의 약속은?

· 아이들에게 전하고 싶은 메시지는?

가스펠 설교
(15~30분)

들어가기

준비물 등산화, 등산용 배낭, 성경, 귀마개

등산화를 신고, 성경이 들어 있는 등산용 배낭을 메고 들어온다. 귀마개를 끼고 있다.

큰 목소리로 말한다. 안녕하세요, 여러분! 만나서 반가워요! 저는 인도자의 이름이에요! 귀마개를 벗고 정상적인 목소리로 말한다. 아, 죄송해요. 원래 귀마개 끼는 것을 안 좋아하는데, 옆 텐트 사람들이 음악을 너무 시끄럽게 틀어 놓아서 귀마개를 하지 않을 수가 없었어요. 오늘 밤에는 제가 음악을 크게 틀어서 사람들이 잠을 못 자게 할까 봐요! 그래야 공평하지요. 안 그래요? 여러분 생각은 어때요? 아이들의 대답을 기다린다. 잠시 생각하는 척한다. 흠, 그냥 옆 텐트 사람들을 용서하는 것이 좋겠어요. 비록 저한테 사과하지 않는다 해도 말이에요. 쉽진 않겠지만, 그렇게 하는 것이 옳은 것 같아요. 배낭을 벗고 성경을 꺼낸다. 사실 오늘의 성경 이야기는 예수님이 용서와 긍휼에 대해 가르치려고 들려주신 거예요.

연대표

지난주에 우리는 씨 뿌리는 농부 비유를 들었어요. **복음을 듣는 사람 모두가 복음을 믿는 것은 아니에요.** 연대표에서 오늘의 성경 이야기를 가리킨다. 오늘 들을 성경 이야기의 제목은 "용서할 줄 모르는 종 비유"에요. 이 성경 이야기는 신약성경의 마태복음에 나와요.

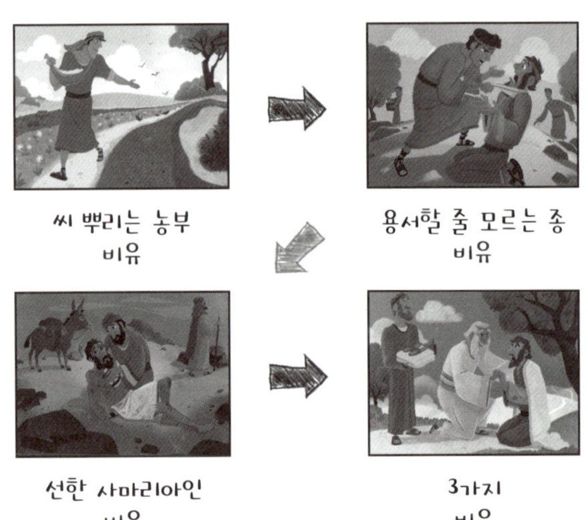

씨 뿌리는 농부
비유

용서할 줄 모르는 종
비유

선한 사마리아인
비유

3가지
비유

성경의 초점

성경은 예수님을 이 땅에 보내 사람들을 죄에서 구하시려는 하나님의 계획에 관해 말해요. 하나님은 사람들을 사랑하세요! 이스라엘의 역사를 보면 사람들은 반복해서 하나님께 죄를 지었어요. 그런데도 하나님은 그들을 떠나지 않으시고 큰 긍휼을 베푸셨지요. 지난주에 이어 오늘도 우리는 예수님의 비유를 들을 거예요. **예수님은 왜 비유로 말씀하셨나요? 예수님은 하나님과 하나님 나라에 대해 가르치기 위해 비유로 말씀하셨어요.**

성경 이야기

마태복음 18장을 펴고, 설교 영상(지도자용 팩)을 보여 주거나 이야기 성경을 들려준다. 아이들을 몇 명 앞으로 불러 성경 이야기 속 인물의 행동을 팬터마임으로 표현하게 해 본다. (예 : 간절히 부탁하는 흉내, 돈을 내놓으라고 주먹을 휘두르는 흉내 등) 또는 비유 속 인물들의 대사를 각각 다른 목소리로 읽는다. (예 : 왕의 대사는 깊고 고귀한 목소리로, 간청하는 종의 대사는 절박한 목소리)

예수님은 베드로의 질문에 대한 대답으로 비유를 들려주셨어요. 베드로는 잘못을 저지른 사람을 몇 번이나 용서해야 하는지 예수님께 물었지요. 베드로는 7번이면 충분할 것이라 생각했어요. 여러분은 어떻게 생각하나요? 다른 사람을 7번까지만 용서해 주면 될까요? (아니다) 예수님은 베드로에게 7번씩 70번이라도 용서해 주라고 하셨어요. 이 말은 490번 용서한 다음에는 용서하지 않아도 된다는 뜻이 아니에요. 예수님은 베드로가 잘 이해할 수 있도록 비유를 하나 들려주셨어요.

한 왕이 자기 종들에게 빚진 돈을 갚으라고 말했어요. 그중에는 왕에게 1만 달란트나 빚진 종이 있었어요! 한 사람이 20만 년을 일해야 벌 수 있는 큰 금액이에요. 예수님이 사시던 당시에는 누군가 빚을 갚지 못하면 그 사람과 그의 가족은 감옥에 가야 했어요. 큰 빚을 진 종은 그런 일이 생기지 않기를 바랐어요. 그래서 빚 갚을 시간을 조금만 더 달라고 왕에게 간청했어요. 왕은 어떻게 했나요? 왕은 종을 완전히 용서해 주었어요! "너를 용서하겠다. 빚을 갚지 않아도 된다"라고 말하면서요. 그것은 왕에게도 쉬운 일이 아니었을 거예요. 받아야 할 1만 달란트를 못 받게 되는 것이니까요. 하지만 종에게는 정말 좋은 소식이었지요.

큰 빚을 탕감받은 종은 길을 가다가 자기에게 돈을 빌린 동료를 만났어요. 종이 왕에게 빚진 돈과 비교하면 아주 적은 금액이었지요. 종이 돈을 갚으라고 호통을 쳤지만, 동료에게는 갚을 돈이 없었어요. 돈 갚을 시간을 조금만 더 달라고 빌었지만, 종은 거절했어요. 그러고는 동료를 감옥에 가두어 버렸지요. 이 소식을 들은 왕은 왜 화가 났을까요? (왕은 종이 절대로 갚을 수 없는 큰 빚을 탕감하고 용서해 주었는데, 종은 적은 빚을 진 동료를 용서해 주지 않았기 때문이다) 왕은 종을 악한 종이라고 말하며 벌을 주었어요. 왕이 엄청난 빚을 갚지 않아도 된다고 말했을 때, 종은 어떤 기분이었을까요? 사실 우리도 모두 하나님께 엄청난 빚을 지고 있다는 것을 알고 있나요?

 가스펠 링크

예수님은 이 이야기 속의 왕이 바로 하나님이라고 말씀하셨어요. 우리는 큰 빚을 진 종이고요. 죄를 짓는 것은 하나님의 법을 어기는 것이고, 죄에 대한 벌은 하나님과의 영원한 이별과 죽음이에요. 우리는 아무리 애를 써도 하나님께 진 빚을 갚을 수 없고, 우리 죄에 대한 하나님의 벌을 없앨 수 없어요. 그래서 하나님은 하나뿐인 아들 예수님을 보내셨어요. 예수님은 우리의 죗값을 치르고 우리 대신 벌을 받으려고 이 땅에 오셔서 십자가에서 죽으셨어요. 우리가 죄를 고백하고 예수님을 믿으면 하나님은 우리 죄를 완전히 용서하세요. 이와 같이 우리도 다른 사람을 용서할 수 있어요. 490번만 용서할 것이 아니라 계속해서 말이에요. **우리가 다른 사람을 불쌍히 여기도록 하나님이 우리에게 긍휼을 베풀어 주셨어요.**

 복음 초청

성경과 71쪽 복음 초청 가이드를 이용해서 아이들에게 그리스도인이 되는 법을 설명해 준다. 따로 상담해 줄 사람을 정해 주고 궁금한 점이 있으면 물어보도록 격려한다.

이 시간 예수님을 마음에 모시고 싶은 친구는 함께 기도해요.

 기도

하나님, 예수님을 보내 주셔서 감사합니다. 우리는 하나님께 죄를 지은 죄인임을 고백합니다. 예수님을 통해 우리 죄를 용서하신 것을 기억하며, 우리도 다른 사람을 용서할 수 있도록 도와주세요. 예수님의 이름으로 기도합니다. 아멘.

 적용

TIP 설교 도입이나 적용으로 활용하거나 영상을 본 뒤 소그룹으로 나누어 풍성한 대화를 이어 갈 수 있습니다.

하나님은 예수님을 통해 우리 죄를 용서하심으로 우리에게 긍휼을 베푸셨어요. 여러분은 다른 사람을 불쌍히 여기고 용서해 주나요? 다음 영상을 함께 보기로 해요.

적용 예화 영상(지도자용 팩)을 보여 준 후, 다음의 질문으로 이야기를 나눈다.

1 친구가 여러분의 태블릿을 부수었다면 어떤 기분이 들까요?

2 반대로 여러분이 친구의 태블릿을 부수었다면 어떤 기분일까요?

3 태블릿을 2번이나 부순 친구를 용서할 수 있을까요? 만약 3번 부수었다면 어떨까요?

4 하나님은 왜 죄인들을 용서하시나요? 하나님은 여러분을 많이 용서하셨나요, 아니면 조금 용서하셨나요?

5 여러분이 용서해야 할 사람은 누구인가요?

다른 사람이 우리에게 잘못을 저지를 때, 우리는 그 사람을 용서함으로써 하나님의 용서를 보여 줄 수 있어요. 하나님이 우리를 용서하신 것처럼 말이에요. 다른 사람을 용서하기 싫어하는 것은 성경 이야기 속의 종이 자기에게 적은 돈을 빌린 동료를 용서하지 않은 것과 같아요. 왕으로부터 그렇게 큰 빚을 용서받았으면서 말이에요! 마찬가지로 우리도 정말 큰 용서를 받은 사람들이에요. 예수님은 우리가 받을 벌을 내신 받으셨어요. 우리가 예수님을 믿으면, 하나님은 우리 죄를 모두 용서하세요. 과거와 현재와 앞으로 지을 죄까지 모두 말이에요. 그리고 우리에게 영원한 생명을 주세요.

 나침반

조각난 말씀

준비물 **1단원 암송(132쪽), 가위**

① 1단원 암송을 복사해 여러 조각으로 잘라 퍼즐을 만들어 둔다.

② 퍼즐 조각들을 섞어 아이들에게 나누어 주고, 퍼즐을 맞춰 보라고 한다.

③ 퍼즐을 다 맞추면, 함께 마가복음 6장 34절을 큰 소리로 읽는다.

— 예수님은 사람들을 불쌍하게 여기셨어요. 오늘 성경 이야기에서 예수님은 **우리가 다른 사람을 불쌍히 여기도록 하나님이 우리에게 긍휼을 베풀어 주셨다**는 것을 가르쳐 주셨어요.

 보물 지도

지워도 괜찮아!

준비물 **화이트보드, 보드마커, 성경, 스톱워치**

① 아이들을 3팀으로 나누고, 각 팀의 이름을 정한다.

② 화이트보드에 각 팀의 이름을 쓰고, 팀 이름 아래에 ✕표를 3개씩 그린다.

③ 아이들에게 팀별로 한 명씩 돌아가며 질문에 답을 맞혀 다른 팀의 ✕표를 모두 지우는 팀이 이긴다고 말해 준다.

④ 정답을 맞히면 다른 팀의 ✕표를 한 개 지울 수 있다. 답을 모르면 팀원들에게 물어볼 수 있고, 팀원들은 성경을 찾아 답을 알려 주어도 된다고 말해 준다. 단, 성경을 찾는 시간은 30초로 제한한다.

⑤ 답을 맞히지 못하면 다음 팀에 기회를 준다. 단, 다음 팀은 팀원들에게 물어볼 수 없다고 말해 준다.

1 베드로는 다른 사람을 몇 번까지 용서해 주어야 한다고 생각했나요? 7번 (마 18:21)

2 예수님은 몇 번 용서해 주라고 하셨나요?
7번씩 70번까지라도 용서하라고 하셨다 (마 18:22)

3 좋은 왕에게 얼마나 많은 빚을 졌나요? 1만 달란트 (마 18:24)

4 좋은 왕에게 무엇을 간청했나요?
조금만 참아 주면 다 갚겠다고 말했다 (마 18:26)

5 왕은 종을 위해 어떤 일을 했나요? 빚을 없애 주었다 (마 18:27)

6 동료가 종에게 진 빚은 얼마였나요? 100데나리온 (마 18:28)

7 동료는 종에게 어떤 부탁을 했나요? 조금만 참아 주면 다 갚겠

고 말했다 (마 18:29)

8 좋은 동료에게 어떻게 했나요?
빚을 다 갚을 때까지 감옥에 가두었다 (마 18:30)

9 왕은 왜 화가 났나요? 왕은 종이 결코 갚을 수 없는 큰 빚을 탕감해 주었는데, 종은 동료를 불쌍히 여기지 않았기 때문이다 (마 18:32~33)

10 우리 죄의 빚은 누가 갚아 주었나요? 예수님 (롬 4:25)

11 우리는 왜 다른 사람을 용서할 수 있나요?
하나님이 우리를 용서하셨기 때문이다 (엡 4:32)

— 다른 팀이 여러분 팀의 ✕표를 지울 때 기분이 어땠나요? 아이들의 대답을 기다린다. ✕표를 지운 상대 팀의 친구들을 용서할 수 있나요? 여러분에게 잘못한 사람을 몇 번 용서하면 좋을까요? (횟수에 상관없이 용서해야 한다) 용서는 왜 힘들까요? 하나님은 여러분을 몇 번 용서하셨나요?

 탐험하기

용서는 몇 번이나?

준비물 **학생용 교재 8쪽, 연필**

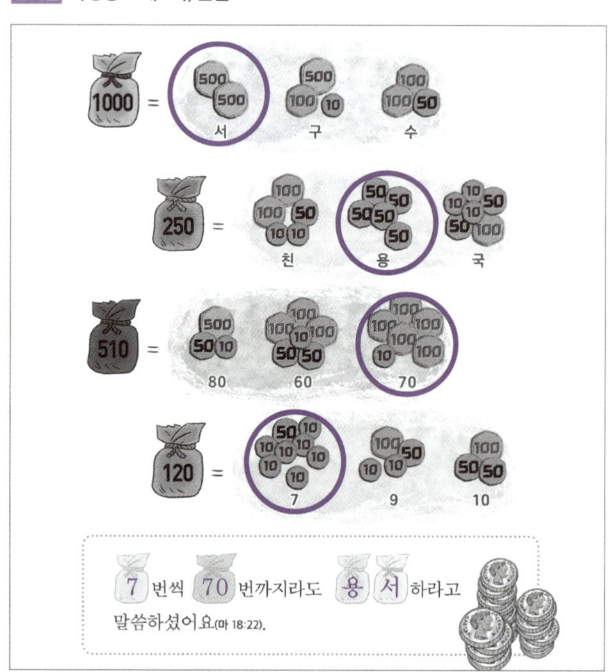

① 숫자가 적힌 주머니와 같은 금액의 동전이 들어 있는 주머니에 ◯표 하라고 한다.

② ◯표 한 주머니 밑에 적힌 글자를 조합해 문장을 완성하게 한다.

— **우리가 다른 사람을 불쌍히 여기도록 하나님이 우리**

에게 긍휼을 베풀어 주셨어요. 다른 사람의 잘못을 기억하지 않고 용서하는 것을 '긍휼을 베푼다'라고 해요. 이번 한 주 나의 친구들에게 예수님처럼 긍휼을 베풀어 보는 것은 어떨까요?

용서는 힘들어!

준비물 학생용 교재 9쪽, 연필

① 문장을 읽고 용서를 보여 주는 문장을 찾아 ○표 하게 한다.

② 7번씩 70번까지라도 용서하라는 예수님의 말씀을 강조한다.

③ 누군가를 용서했던 경험을 빈칸에 적어 보라고 한다.

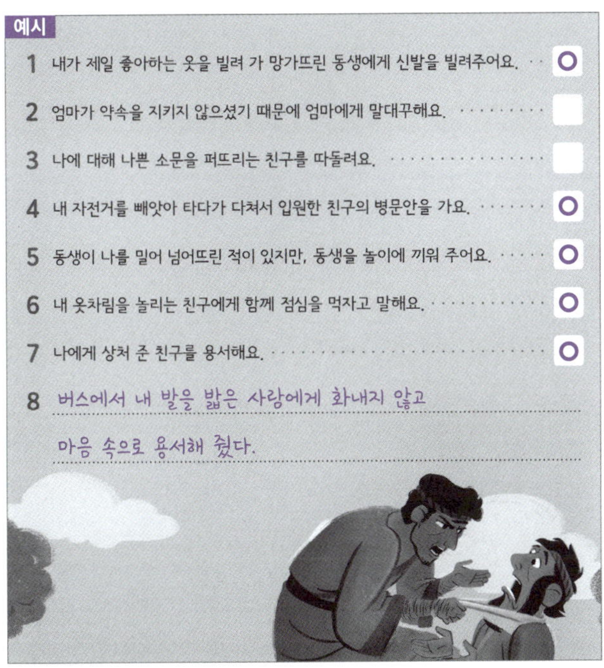

─── 성경에서 말하는 용서를 실천하는 것은 쉽지 않아요. 그러나 용기를 내 보세요. 마음속에 오랫동안 용서하지 못하고 담아 두고 있는 사람이 있다면 이번 기회에 용서하기로 결심해 보세요. 그리고 용서할 힘을 달라고 하나님께 기도해 보세요.

용서 연습하기 *

준비물 종이, 연필, 휴지통

① 아이들에게 종이와 연필을 나누어 주고, 다른 사람이 자신에게 잘못했던 일을 구체적으로 써 보라고 한다. (어떤 일이 있었는지, 기분은 어땠는지 등)

② 휴지통에서 약간 떨어진 곳에 아이들을 한 줄로 세운다.

③ 아이들에게 자신에게 잘못한 사람을 용서하기로 마음먹었다는 표시로 종이를 구겨 휴지통에 던지라고 한다.

─── 우리에게 잘못한 사람을 용서하는 일은 쉽지 않아요. 어떤 경우에는 내가 얼마나 상처받았는지 상대방이 잘 모를 때도 있어요. 심지어 전혀 미안해 하지 않는 경우도 있지요! **우리가 다른 사람을 불쌍히 여기도록 하나님이 우리에게 긍휼을 베풀어 주셨어요.** 우리는 다른 사람을 용서할 수 있도록 도와 달라고 하나님께 기도할 수 있어요. 그리고 우리 죄를 용서해 주시는 하나님께 감사할 수 있어요.

 보물 상자

나만의 기록장

준비물 학생용 교재 10쪽, 연필

① 예수님은 우리가 다른 사람을 몇 번이나 용서하기를 바라실지 물어보고, 왜 그렇게 생각하는지 이야기를 나눈다.

② 아이들에게 용서해야 할 사람들의 이름을 쓰게 하고, 기쁜 마음으로 용서하도록 격려한다.

③ 용서하는 마음을 달라고 하나님께 기도하는 시간을 갖는다.

─── **우리가 다른 사람을 불쌍히 여기도록 하나님이 우리에게 긍휼을 베풀어 주셨어요.** 횟수와 상관없이 많이 용서해야 해요. 우리는 엄청난 빚을 탕감받고 용서받았어요. 우리를 용서하신 하나님은 우리도 우리에게 죄지은 사람들을 용서하기를 바라세요.

메시지 카드

이번 주 메시지 카드로 부모님과 함께 오늘 배운 성경 이야기를 나누어 보라고 한다

기도

하나님, 하나님이 죄지은 우리를 미워하지 않으시듯이, 우리도 우리에게 잘못한 사람에게 화를 내거나 미워하지 않게 도와주세요. 다른 사람에게 용서를 베풀어 하나님의 사랑을 전하는 사람이 되게 해 주세요. 예수님을 통해 용서를 보여 주셔서 감사합니다. 예수님의 이름으로 기도합니다. 아멘.

3 선한 사마리아인 비유

눅 10:25~37

예수님이 예수님을 따르는 사람들과 함께 계실 때, 한 율법 교사가 일어나 질문을 했습니다. "선생님 내가 무엇을 하여야 영생을 얻으리이까?" 예수님은 그가 성경 말씀에서 답을 찾도록 하셨습니다. "네 마음을 다하며 목숨을 다하며 힘을 다하며 뜻을 다하여 주 너의 하나님을 사랑하고 또한 네 이웃을 네 자신 같이 사랑하라"(신 6:5; 레 19:18 참조).

그러자 율법 교사가 다시 물었습니다. "내 이웃이 누구니이까?" 예수님은 그가 사랑해야 할 이웃의 목록을 주시는 대신 비유를 하나 들려주셨습니다.

예수님의 이야기를 들은 사람들은 놀랐습니다. 하나님을 섬기는 일에 헌신한 제사장과 레위인은 곤경에 빠진 사람을 못 본 척했고, 오히려 유대인에게 사회적으로 따돌림당하던 사마리아인이 곤경에 처한 자에게 긍휼을 베푼 이웃으로 드러났기 때문입니다. 예수님이 율법 교사에게 말씀하셨습니다. "가서 너도 이와 같이 하라."

예수님은 "내 이웃이 누구니이까"라는 질문에 직접적인 답을 하지 않으셨습니다. 질문이 틀렸기 때문입니다. 율법 교사는 자신을 정당화할 길을 찾고 있었습니다. 구약성경이 말하는 최소한의 요구 조건을 충족해 영원한 생명을 얻고 싶었던 것입니다. 그러나 그의 바람과 달리 예수님은 율법 교사에게 사랑에 한계를 두지 말고 행동으로 사랑을 보이라고 가르치셨습니다.

●●● 티칭 포인트

이 비유에서 우리는 복음의 아름다움을 봅니다. 아이들에게 우리가 구원이 필요한 상황에 있다는 것을 하나님은 아셨다는 점을 강조하십시오. 우리는 죄 가운데 죽어 있었습니다. 도저히 스스로 구할 수 없는 상태였습니다. 하나님은 우리를 죄에서 구하기 위해 아들이신 예수님을 보내심으로 하나님의 사랑을 보이셨습니다.

예수님은 우리에게 오셔서 구원과 용서, 그리고 우리에게 필요한 모든 것을 주셨습니다. 우리가 예수님을 바라볼 때 예수님은 끊임없이 우리를 돌보십니다. 하나님은 하나님이 우리를 사랑하신 것처럼 우리도 다른 사람을 사랑하게 하려고 우리를 부르셨고, 그런 우리의 모습을 통해 세상은 하나님의 사랑을 알게 될 것이라는 사실을 강조하십시오.

주 제

예수님이 우리를 사랑하시듯이 우리도 다른 사람을 사랑해야 해요.

가스펠 링크

하나님은 도움이 필요한 사람들을 돕도록 우리를 부르셔서 세상에 하나님의 사랑을 보이게 하셨어요.

선한 사마리아인 비유 눅 10:25~37

한 율법 교사가 예수님께 물었어요. "선생님, 제가 무엇을 해야 영생을 얻겠습니까?"

예수님이 대답하셨어요. "성경은 무엇이라고 말하느냐? 너는 대답이 무엇이라고 생각하느냐?"

율법 교사는 "성경은 '네 마음을 다하며 목숨을 다하며 힘을 다하며 뜻을 다하여 주 너의 하나님을 사랑하라'라고 했고, 또한 '네 이웃을 네 자신 같이 사랑하라'라고 했습니다"라고 대답했어요.

예수님이 말씀하셨어요. "그 말이 맞다. 그렇게 하여라. 그러면 영원한 생명을 얻게 될 것이다." 그러자 율법 교사가 다시 예수님께 물었어요. "제 이웃이 누구입니까?"

예수님은 그가 이해할 수 있도록 이야기 하나를 들려주셨어요.

"어떤 사람이 예루살렘에서 여리고로 가던 길에 강도들을 만났다. 강도들은 그가 가진 것을 모두 빼앗고 때려서 다 죽어 가는 상태로 길에 버려두었다.

한 종교 지도자인 제사장이 그 길을 가다가 강도 만난 사람이 길에 쓰러져 있는 것을 보았다. 하지만 그를 돕지 않고 다른 길로 피해 갔다.

다음으로 또 다른 종교 지도자인 레위인이 그 길을 지나갔다. 그도 죽어 가는 사람을 보았지만 마찬가지로 돕지 않고 다른 길로 피해 갔다.

그다음에 한 사마리아인이 왔다. 사마리아인과 유대인은 사이가 좋지 않지만, 그는 강도 만난 사람을 도왔다. 사마리아인은 다친 사람의 상처에 붕대를 감고 나귀에 실어 여관으로 데려가 돌보아 주었다. 다음 날 떠날 때도 여관 왕에게 돈을 주며 다친 사람을 잘 돌보아 달라고 부탁했다."

이야기를 마치신 예수님이 물으셨어요. "이 사람 중에 누가 강도 만난 사람의 이웃이냐?" 율법 교사는 "그를 도와준 사람입니다"라고 대답했어요.

예수님이 말씀하셨어요. "가서 너도 그렇게 해라!"

●● 가스펠 링크

예수님의 이야기를 들은 사람들은 놀랐어요. 선한 사마리아인처럼 하나님은 우리에게 구원이 필요하다는 것을 아셨어요. 그리고 우리를 죄에서 구하기 위해 아들을 보내셨지요. 예수님이 우리 죄를 지고 십자가에서 죽으시고 다시 살아나셔서 우리가 영생을 얻을 수 있게 되었어요. 하나님은 도움이 필요한 사람들을 돕도록 우리를 부르셔서 세상에 하나님의 사랑을 보이게 하셨어요.

가스펠 준비
(10~20분)

환영

도착하는 아이들을 반갑게 맞이하고 헌금, 출석, QT 등을 확인하며 격려한다. 새 친구가 있다면 소개한다. 편안한 분위기에서 안부를 물으며 오늘의 말씀과 관련된 화제로 이야기를 나눈다. 아이들에게 이웃에 관해 물어본다. 이웃과 이야기하며 지내는지 물어본다. 자발적으로 대화에 참여하도록 이끈다.

예) "친한 이웃이 있나요?", "이웃이라는 단어를 들으면 생각나는 사람은 누구인가요?", "그 이웃에 관해 얼마나 잘 알고 있나요?" 등.

—— 여러분이 생각할 때 '이웃'은 누구인가요? 오늘 성경 이야기에서 예수님은 이웃에 관한 비유를 들려주세요. 예수님은 누가 우리의 이웃이라고 말씀하셨을까요? 함께 알아보아요.

마음 열기

누가 나의 이웃입니까? *

준비물 색인 카드, 사인펜

① 색인 카드를 인원수대로 준비하고, 다양한 동물 이름을 2장씩 적어 둔다. (토끼, 사자, 기린, 사슴 등)

② 아이들에게 색인 카드를 한 장씩 뽑게 한다.

③ 다른 아이에게 찾아가 자기가 뽑은 동물의 특징을 한 가지 말하고, "당신은 나의 이웃입니까?"라고 물으라고 한다.

  예) "나는 귀가 깁니다. 당신은 나의 이웃입니까?", "나는 아주 빨리 달립니다. 당신은 나의 이웃입니까?", "나는 목이 깁니다. 당신은 나의 이웃입니까?" 등.

④ 다른 아이는 자신이 뽑은 동물의 특징과 같으면 "네", 아니면 "아니오"라고 대답하게 한다.

⑤ "네"라고 대답했다면 서로의 카드를 보여 주고 같은 동물인지 확인하게 한다.

⑥ 카드에 적힌 동물이 같으면 이웃이 되어 자리에 나란히 앉으라고 한다. 서로 다른 동물이면 다른 아이에게 찾아가 질문을 하게 한다.

—— 오늘 성경 이야기에서 어떤 사람이 예수님께 "누가 내 이웃입니까?"라고 물었어요. 예수님은 어떤 대답을 하셨을까요? 만일 여러분에게 같은 질문을 한다면 여러분은 무엇이라고 대답할 건가요? 오늘 성경 이야기를 통해 누가 우리

의 이웃인지 알아보기로 해요.

이웃 찾기 수수께끼 *

준비물 '이웃 찾기 수수께끼'(135쪽 또는 지도자용 팩), 연필

① '이웃 찾기 수수께끼'를 인원수대로 복사 또는 출력해 연필과 함께 아이들에게 나누어 준다.

② 인도자가 힌트를 말하면, 누가 힌트 속의 집에 사는지 ○표 하게 한다.

  1. 민준이는 짝수 집에 살아요.

  2. 서연이는 2번 집에 살지 않아요.

  3. 사라와 서연이는 양쪽에 모두 이웃이 살아요.

  4. 정혁이와 서연이는 서로 옆집에 살지 않아요.

  5. 민준이와 사라는 서로 옆집에 살지 않아요.

  6. 정혁이는 사라 옆집에 살아요.

③ 아이들에게 누가 몇 번 집에 사는지 물어보고 함께 정답을 확인한다. (정혁: 1번, 사라: 2번, 서연: 3번, 민준: 4번)

—— 누가 어디에 사는지 알아내기가 조금 어려웠지요? 그런데도 답을 아주 잘 찾았어요! 오늘 성경 이야기는 이웃에 관한 것이에요. 꼭 옆집에 사는 사람만 이웃이 되는 것은 아니에요. 과연 어떤 이야기인지 함께 알아볼까요?

교사를 위한 기록장 이 과를 준비하면서 깨닫게 된 묵상을 정리해 보세요.

· 하나님이나 나에 대해 새롭게 알게 된 것은?

· 기억하고 싶은 하나님의 약속은?

· 아이들에게 전하고 싶은 메시지는?

가스펠 **설교**
(15~30분)

들어가기

준비물 등산화, 등산용 배낭, 성경, 구급상자, 손전등, 큰 지도

등산화를 신고, 성경과 구급상자와 손전등이 들어 있는 등산용 배낭을 메고 들어온다.

안녕하세요, 여러분! 다시 만나서 반가워요! 처음 온 친구들이나 깜빡한 친구들을 위해 제 소개를 할게요. 제 이름은 인도자 이름이에요. 저희 캠핑장에 온 것을 환영합니다. 손전등과 구급상자를 배낭에서 꺼내며 말한다. 캠핑할 때 왜 이런 물건들이 필요할까요? 혹시 말해 볼 사람 있나요? 아이들의 대답을 기다린다. 맞아요! 혹시 길을 잃은 사람이나 다친 사람을 구조할 경우를 대비해 구급상자와 손전등을 가지고 다녀요. 캠프장에서는 항상 필요한 물건이지요!

배낭에서 성경을 꺼낸다. 우리는 계속해서 예수님이 들려주신 비유를 배우고 있어요. 오늘 들려줄 성경 이야기는 강도들의 습격을 받고 죽을 지경이 되어 길에 버려진 한 사람에 관한 이야기예요. 과연 누가 가던 길을 멈추고 이 사람을 도와주었을지 함께 알아보아요.

연대표

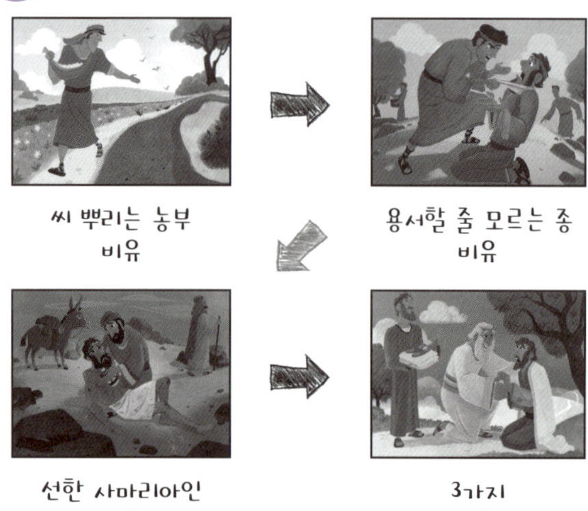

씨 뿌리는 농부
비유

용서할 줄 모르는 종
비유

선한 사마리아인
비유

3가지
비유

연대표에서 지난 성경 이야기들을 가리킨다. 지금까지 배운 비유들을 살펴볼까요? "씨 뿌리는 농부 비유"는 사람들이 복음에 어떻게 반응하는지에 관한 내용이었어요. **복음을 듣는 사람 모두가 복음을 믿는 것은 아니에요.** 다음으로 "용서할 줄 모르는 종 비유"를 통해 **우리가 다른 사람을 불쌍히 여기도**

록 하나님이 우리에게 긍휼을 베풀어 주셨다는 것을 배웠어요. 연대표에서 오늘의 성경 이야기를 가리킨다. 오늘의 성경 이야기는 "선한 사마리아인 비유"예요. 이 이야기는 신약성경의 누가복음에 나와요.

성경의 초점

성경의 모든 이야기는 예수님에 관한 하나의 큰 이야기예요. 이 땅에 오신 예수님은 사람들에게 여러 비유를 들려주셨어요. **예수님은 왜 비유로 말씀하셨나요?** 아이들의 대답을 기다린다. **예수님은 하나님과 하나님 나라에 대해 가르치기 위해 비유로 말씀하셨어요.**

성경 이야기

누가복음 10장을 펴고, 설교 영상(지도자용 팩)을 보여 주거나 이야기 성경을 들려준다. 성경 이야기를 하는 동안 교사들이 앞에 나가 대사 없이 동작만으로 연기하게 한다. 의상과 붕대 등의 소품을 적절히 활용한다. 예배실을 여러 구역으로 나누어 이야기의 각 부분에 해당하는 다양한 소품을 비치해도 좋다. (예 : 예수님이 성경에 관해 질문하시는 부분에는 성경을, 강도가 나오는 부분에는 스키 마스크를, 사마리아인이 나오는 부분에는 붕대를 비치해 놓는다.)

예수님은 왜 비유로 말씀하셨나요? 예수님은 하나님과 하나님 나라에 대해 가르치기 위해 비유로 말씀하셨어요. 예수님은 한 율법 교사의 질문에 선한 사마리아인 비유를 들려주셨어요. 율법 교사는 이웃을 사랑해야 한다는 것을 이미 알고 있었어요. 그래서 예수님께 "내 이웃이 누구입니까?"라고 물었지요. 예수님은 그가 잘 이해할 수 있도록 다음과 같은 이야기를 들려주셨어요.

한 사람이 강도를 만나 죽을 지경이 되어 길에 쓰러져 있었어요. 그 길을 제사장, 레위인, 그리고 사마리아인이 지나갔어요. 예수님의 이야기를 듣던 사람들은 누가 강도 만난 사람을 도왔을 것이라 생각했을까요? 아이들의 대답을 기다린다. 이야기를 듣던 사람들은 사마리아인이 강도 만난 사람을 돕기 위해 가던 길을 멈췄다는 말에 깜짝 놀랐어요. 당시 유대인은 사마리아인과 사이가 좋지 않았기 때문이에요. 예수님께

질문한 율법 교사는 율법에 관해 전문가였어요. 그는 영원한 생명을 얻는 방법을 알고 싶었지요. 어쩌면 예수님이 사랑해야 할 사람들의 목록을 뽑아 주시기를 바랐는지도 몰라요. 하지만 예수님은 비유를 통해 하나님을 믿는 사람은 모든 사람을 사랑해야 하고, 그 사랑을 도움으로 표현해야 한다는 사실을 가르쳐 주셨어요. **예수님이 우리를 사랑하시듯이 우리도 다른 사람을 사랑해야 해요.** 영원한 생명은 해야 할 일들을 열심히 한다고 얻을 수 있는 것이 아니에요. 영원한 생명은 하나님이 그의 아들 예수님을 믿는 사람들에게 주시는 선물이에요.

가스펠 링크

예수님의 이야기를 들은 사람들은 놀랐어요. 선한 사마리아인처럼 하나님은 우리에게 구원이 필요하다는 것을 아셨어요. 죄를 지은 우리는 길에 버려진 사람과 다를 바 없었지요. 하지만 하나님은 그냥 지나치지 않으시고, 구원자를 보내 주셨어요. 우리를 죄에서 구하시려고 하나님의 아들을 보내신 거예요. 예수님은 우리 죄 때문에 십자가에서 죽으시고, 우리가 영생을 얻을 수 있도록 다시 살아나셨어요. 하나님은 길에 쓰러져 죽어가던 우리를 일으키셨고, 지금도 우리를 돌보세요. 하나님은 도움이 필요한 사람들을 돕도록 우리를 부르셔서 세상에 하나님의 사랑을 보이게 하셨어요.

찬양

하나님 나라는(예수님의 이야기)

땅에 떨어진 씨앗 각기 열매 맺고 용서함 받은 자 서로서로 용서하며

어려움 당한 자를 값없이 도와주는 하나님의 사랑 하나님 나라

예수님 이야기에는 하나님의 나라 보이네

비유로 가르치니 깨달아 구원 얻네

한 마리 어린양을 찾고 또 찾으니 탕자를 기다리듯 우리를 기다리네

용서를 구하는 자 높임을 받으리니 하나님 영광의 빛 비추어 주시리

예수님 이야기에는 하나님의 나라 보이네

비유로 가르치니 깨달아 구원 얻네

한 마리 어린양을 찾고 또 찾으니 탕자를 기다리듯 우리를 기다리네

하나님 나라 이 땅에 임하리라.

 복음 초청

성경과 71쪽 복음 초청 가이드를 이용해서 아이들에게 그리스도인이 되는 법을 설명해 준다. 따로 상담해 줄 사람을 정해 주고 궁금한 점이 있으면 물어보도록 격려한다.

이 시간 예수님을 마음에 초대하고 싶은 친구가 있나요? 함께 기도해요.

 기도

하나님, 우리를 사랑하시고 하나뿐인 아들 예수님을 이 세상에 보내 우리를 죄에서 구원해 주셔서 감사합니다. 하나님이 큰 사랑으로 우리를 사랑하신 것처럼 우리도 다른 사람을 이웃으로 여기고 사랑할 수 있도록 도와주세요. 예수님의 이름으로 기도합니다. 아멘.

 적용

TIP 설교 도입이나 적용으로 활용하거나 영상을 본 뒤 소그룹으로 나누어 풍성한 대화를 이어 갈 수 있습니다.

다른 사람들에게 친절을 베푸는 일이 늘 쉽기만 할까요? 다른 사람을 사랑하는 일은요? 다음 영상을 함께 보기로 해요. 적용 예화 영상(지도자용 팩)을 보여 준 후, 다음의 질문으로 이야기를 나눈다.

1 넘어졌을 때 제이컵의 기분이 어땠을까요? 다른 아이들은 왜 제이컵을 돕지 않았나요?

2 여러분이라면 그 상황에서 어떻게 했을까요? 도움을 주지 않은 것에 대해 어떻게 변명할까요?

3 성경에 나오는 강도 만난 사람, 종교 지도자들, 사마리아인 중 우리는 누구와 가장 비슷한가요?

4 그들 중 예수님과 같은 사람은 누구인가요?

예수님이 우리를 사랑하시듯이 우리도 다른 사람을 사랑해야 해요. 하나님이 우리에게 사랑과 친절을 베푸신 것처럼 우리도 다른 사람에게 사랑과 친절을 베풀 수 있어요.

가스펠 소그룹
(10~20분)

 ## 나침반

정리! 정리! 말씀 정리!

준비물 1단원 암송(132쪽), 포스트잇, 펜

① 포스트잇을 인원수대로 준비해 마가복음 6장 34절을 단어 또는 어절 단위로 나누어 써 둔다.

② 아이들에게 포스트잇을 한 장씩 나누어 주고, 순서대로 나열하게 한다.

③ 완성한 암송 구절을 한목소리로 읽어 보라고 한다.

— 사람들이 예수님을 찾아왔을 때 예수님은 그들을 피하지 않으셨어요. 예수님은 사람들을 사랑하셨어요. 잊지 마세요. **예수님이 우리를 사랑하시듯이 우리도 다른 사람을 사랑해야 해요.**

 ## 보물 지도

이웃을 그려 봐!

준비물 화이트보드, 보드마커, 성경

① 그림을 그릴 아이를 2명 뽑아 보드마커를 나누어 준다.

② 나머지 아이들에게 한 명씩 돌아가며 오늘의 성경 이야기를 말하게 한다.

③ 아이들이 성경 이야기를 말하는 동안 그림 그릴 아이들에게는 그 이야기를 화이트보드에 간단하게 그림으로 표현해 보라고 한다.

　예) 한 아이가 "한 사람이 예수님을 찾아와 질문했어요"라고 말하면, 그림을 그리는 아이는 예수님과 한 사람이 이야기를 나누는 장면을 그린다.

④ 그림 그리기가 끝나면, 아이들에게 성경에서 누가복음 10장 25~37절을 찾으라고 한다.

⑤ 오늘의 성경 이야기를 복습하며 다음의 사건들을 강조한다.

　1. 한 율법 교사가 예수님께 "내 이웃이 누구입니까?"라고 물었어요.

　2. 예수님은 그가 잘 이해할 수 있도록 비유를 들려주셨어요.

　3. 한 사람이 강도들의 공격을 받아 다 죽어가는 상태로 버려졌어요.

　4. 한 제사장이 그의 곁을 지나갔지만 돕지 않았어요.

　5. 종교 지도자인 레위인이 지나갔지만 그도 돕지 않았어요.

　6. 한 사마리아인이 강도 만난 사람을 도왔고 여관으로 데려갔어요.

— 누가 강도 만난 사람의 이웃이었나요? (그를 도와준 사람) **예수님이 우리를 사랑하시듯이 우리도 다른 사람을 사랑해야 해요.** 우리는 길에 쓰러져 있던 사람과 같아요. 하나님은 구원받아야 할 처지에 있는 우리를 보셨어요. 그리고 하나님의 아들을 보내 우리를 죄에서 구하셨지요. 하나님은 어려움에 처한 사람들을 돕는 우리의 모습을 통해 세상이 하나님의 사랑을 알게 되기를 바라세요.

 ## 탐험하기

누가 내 이웃일까?

준비물 학생용 교재 12쪽, 연필

① 그림자를 따라가며 그에 맞는 힌트를 보고 예수님의 비유에 등장하는 인물 중 누구의 그림자인지 빈칸에 답을 적어 보게 한다.

② 답을 모른다면 누가복음 10장 36~37절을 참고해 아래 질문에 답하게 한다.

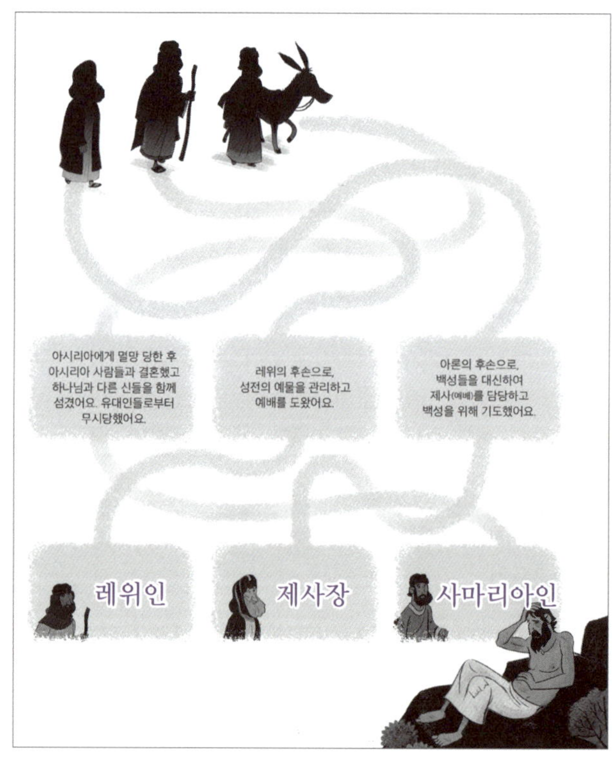

— 예수님의 이야기를 들은 사람들은 놀랐어요. 이처럼 하나님은 죄에 빠진 우리를 그냥 지나치지 않으시고 하나님의 아들을 구원자로 보내셨어요. 예수님은 우리 죄 때문에 십자가에서 죽으시고, 우리가 영원한 생명을 얻을 수 있도록 다시 살아나셨어요. 하나님은 죄 때문에 죽어 가던 우리를 일으키셨고, 지금도 우리를 돌보세요. 하나님은 우리를 치료하시고 새로운 생명을 주세요.

사랑을 맞추어요

준비물 학생용 교재 13쪽, 65쪽 '마음 조각' 스티커, 연필

① 아이들에게 사랑의 마음을 나눌 때 하나님이 기뻐하신다고 말해 준다.

② 65쪽의 '마음 조각' 스티커를 떼어 알맞은 곳에 붙여 사랑의 마음이 좌우 대칭이 되도록 완성해 보게 한다.

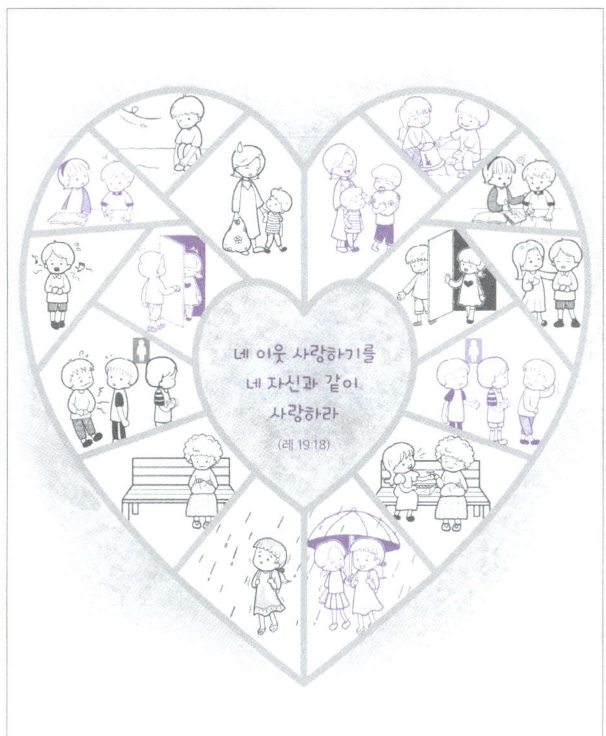

〰 예수님이 들려주신 비유에 등장한 세 사람 중 누가 강도 만난 사람의 이웃인가요? (사랑을 베푼 사마리아인) 가까운 친구와 가족에게 건네는 따뜻한 말 한마디는 큰 힘이 되어요. 하지만 때로는 말보다 행동으로 직접 돕는 것이 필요하기도 해요. 예수님은 단순히 좋은 말과 생각에서 멈추지 않고 직접 도움을 주는 사람이 우리의 이웃이라는 것을 깨우쳐 주셨어요. 그들에게 필요한 가장 큰 도움은 예수님이에요. 우리는 사람들에게 여러 방법으로 예수님을 전할 수 있어요.

지역 봉사자들을 위한 선물 봉투 만들기 ★

준비물 선물 포장용 봉투, 사인펜, 작은 크기의 선물(생수, 과자, 볼펜, 기프트 카드 등)

① 아이들에게 봉투와 사인펜을 주고 지역 봉사자들(경찰관, 소방대원, 긴급구조대원 등)을 위한 선물 봉투를 꾸며 보라고 한다.

② 봉투에 작은 선물을 넣어 선물 봉투를 완성하게 한다.

③ 아이들이 봉투를 만드는 동안 성경 이야기를 복습한다. 사마리아인이 가던 길을 멈추고 다친 사람을 도왔다는 점을 떠올려 준다.

④ 완성한 선물 봉투를 모아 주중에 경찰서나 소방서에 전달한다.

〰 우리는 선한 사마리아인 비유에 나오는 강도 만난 사람과 같아요. 죄가 우리와 하나님 사이를 갈라놓았기 때문에 우리에게는 우리를 구해 줄 사람이 필요해요. 기쁜 소식은 예수님이 우리를 죄에서 구하기 위해 이 땅에 오셨다는 거예요. 예수님은 완전한 삶을 사셨고, 우리 대신 죽으셨어요. **예수님이 우리를 사랑하시듯이 우리도 다른 사람을 사랑해야 해요.** 이번 한 주간 이 선물 봉투를 받을 우리 지역의 봉사자들을 위해 기도해요. 위험한 곳에서 어려움에 처한 사람들을 돕는 분들을 안전하게 지켜 달라고 말이에요.

나만의 기록장

준비물 학생용 교재 14쪽, 연필

아이들에게 다른 사람에게 사랑을 전할 방법은 어떤 것들이 있을지 글로 적어 보라고 한다.

〰 혹시 우리는 많은 변명을 하면서 어려움에 처한 사람들을 모른 척하지 않나요? 이번 한 주 동안 하나님이 우리를 얼마나 사랑하시는지를 기억하며, 친구나 가족 또는 다른 사람들에게 사랑을 전해 보세요.

메시지 카드

이번 주 메시지 카드로 부모님과 함께 오늘 배운 성경 이야기를 나누어 보라고 한다.

기도

하나님, 어려움에 처한 우리를 도우려고 예수님을 보내 주셔서 감사합니다. 우리는 하나님의 도움을 받을 자격이 없는 사람들입니다. 그런데도 하나님은 우리를 죄 가운데 버려두지 않으시고, 오히려 예수님을 보내 우리 대신 죽임을 당하게 하셨습니다. 하나님이 우리를 사랑하신 것처럼 우리도 다른 사람을 사랑할 수 있도록 기회를 주시고 도와주세요. 예수님의 이름으로 기도합니다. 아멘.

4
3가지 비유

눅 15장

단원 암송
예수께서 나오사 큰 무리를 보시고 그 목자
없는 양 같음으로 인하여 불쌍히 여기사
이에 여러 가지로 가르치시더라(막 6:34).

성경의 초점
예수님은 왜 비유로 말씀하셨나요?
예수님은 하나님과 하나님 나라에 대해
가르치기 위해 비유로 말씀하셨어요.

누가복음 19장에서 예수님은 세리장 삭개오를 찾아가셨습니다. 삭개오는 사람들에게 미움을 받았지만, 예수님과 만난 후 자신의 잘못을 회개했습니다. 예수님은 삭개오에게 "인자가 온 것은 잃어버린 자를 찾아 구원하려 함이니라"(눅 19:10)라고 말씀하셨습니다.

잃어버린 자는 누구일까요? 잃어버렸다는 것은 무슨 의미일까요? 누가복음 15장에서 예수님은 세리, 죄인, 바리새인, 서기관들로 이루어진 무리에게 3가지 비유를 들려주셨습니다. 예수님은 자신의 불의로 하나님에게서 멀어진 세리와 죄인들뿐만 아니라, 자신의 의로운 노력으로 구원을 얻으려던 바리새인과 서기관들에게도 진정한 복음이 무엇인지를 분명히 가르쳐 주셨습니다.

처음 두 비유는 비슷합니다. 첫 번째 비유에서 어떤 사람이 양 한 마리를 잃어버립니다. 그는 양 떼를 들에 두고 잃어버린 양 한 마리를 찾아 나섰고, 양을 발견하자 매우 기뻐합니다. 두 번째 비유에서는 한 여인이 은화 하나를 잃어버립니다. 여인은 집 안 구석구석을 살펴 결국 잃어버린 은화를 찾아냅니다. 그리고 이웃과 친구들을 불러 함께 기뻐합니다. 예수님은 죄인 한 명이 회개할 때 하늘나라에서 이렇게 기뻐한다고 말씀하셨습니다. 마지막으로 예수님은 두 아들 비유를 들려주셨습니다. 아버지의 유산을 미리 받은 작은아들은 방탕한 생활로 돈을 허비한 후 아버지에게 돌아가기로 했습니다. 아버지는 망나니 아들을 내치기는커녕 감싸 안아 주었습니다. 늘 아버지에게 순종적이었던 큰아들은 화를 냈습니다.

누가복음 15장을 읽을 때 예수님이 누구에게 이 말씀을 하고 계시는지 염두에 두어야 합니다. 사람들은 보통 세리와 죄인들을 대표한다고 할 수 있는 작은아들에게만 눈길을 줍니다. 하지만 예수님은 큰아들에게 중점을 두고 말씀하셨습니다. 큰아들은 바리새인과 서기관 같은 사람이었습니다. 그들은 자신의 도덕성을 과신하며 스스로 아버지의 사랑을 받을 자격이 있다고 생각했습니다.

주 제

예수님은 잃어버린 자들을 찾으시고 구원하세요.

가스펠 링크

하나님은 예수님을 보내셔서 죄인들이 용서받을 수 있게 하셨어요. 구원자 예수님은 죄인을 찾으세요. 그리고 죄인들을 죄에서 구하기 위해 자신의 생명을 내어 주셨어요.

●● 티칭 포인트

예수님은 하나님이 어떤 분이신지 가르쳐 주셨습니다. 하나님은 하나님을 떠나 방황하는 죄인들을 찾아다니십니다. 하나님은 선한 일로 구원을 얻으려는 죄인들도 찾아다니십니다. 아이들을 가르칠 때 아이들이 '잃어버린 자'라는 말의 뜻을 이해할 수 있도록 도와주십시오. '잃어버린 자'란 예수님이 주님이시며 구원자 되심을 알지 못하는 사람을 말합니다. 하나님은 우리를 사랑하십니다. 그래서 죄인들을 돌아오게 하려고 부단히 애쓰십니다.

3가지 비유 눅 15장

세리와 죄인들이 예수님의 가르침을 들으려고 왔어요. 종교 지도자들은 예수님이 죄인들을 반갑게 맞이한다고 불평했지요. 그러자 예수님은 그들에게 3가지 비유를 들어 하나님이 어떤 분이신지 가르쳐 주셨어요.

예수님이 말씀하셨어요. "어떤 사람에게 양 100마리가 있었는데, 그중 한 마리를 잃어버렸다면 어떻게 하겠느냐? 양 99마리를 들판에 두고 잃어버린 양을 찾아 나서지 않겠느냐? 그리고 양을 발견하면 친구들을 불러 '우리 함께 즐거워하자! 내가 잃어버린 양을 찾았다!'라고 말할 것이다. 이와 같이 하늘에서도 회개할 것 없는 의인 99명보다 회개하고 하나님께 돌아온 죄인 한 사람 때문에 더 기뻐한다."

예수님은 두 번째로 잃어버린 동전을 찾은 여인 비유를 들려주셨어요. "한 여인에게 은화 10개가 있는데 그중 하나를 잃어버렸다면 어떻게 하겠느냐? 불을 켜고, 집을 쓸며 집 안 구석구석을 살피지 않겠느냐? 그러다 마침내 은화를 찾으면 여인은 친구들을 불러 '우리 함께 즐거워하자! 내가 잃어버린 은화를 찾았다!'라고 할 것이다. 이와 같이 죄인 한 사람이 회개하고 하나님께 돌아오면 하나님의 천사들이 이렇게 기뻐한다."

마지막으로 예수님은 잃었던 아들을 찾은 아버지 비유를 들려주셨어요. "어떤 사람에게 두 아들이 있었다. 작은아들이 '아버지, 재산 중에서 제가 받을 몫을 주세요'라고 말했다. 그래서 아버지는 작은아들에게 그의 몫을 미리 주었다. 작은아들은 집을 떠나 다른 나라로 가서 어리석게 살며 돈을 다 써 버렸다. 그 나라에 흉년이 들어 먹을 것이 부족해지자 그는 돼지 치는 일을 했다. 너무 배가 고파서 돼지가 먹는 먹이로 배를 채우려고 했지만, 그마저도 없었다. 결국 작은아들은 아버지에게 돌아가 자신의 잘못을 빌고, 아버지 집에서 다른 종들처럼 일하게 해 달라고 부탁하기로 했다. 작은아들은 집을 향해 나섰다.

한편, 그의 아버지는 아들이 아직 멀리 있는데도 아들을 바로 알아보았다. 아버지는 달려가 아들을 와락 끌어안고 입을 맞추었다. 작은아들은 용서를 구했다. 하지만 아버지는 종들에게 '잔치를 벌여라! 내 아들을 잃어버렸다가 다시 찾았다!'라고 말했다.

이때 들에 있던 큰아들이 집으로 돌아왔다. 잔치 광경을 본 큰아들은 화가 났다! 아버지가 나와서 잔치에 들어가자고 했지만, 큰아들은 '보십시오! 저는 아버지께 거역한 적이 한 번도 없습니다! 그런데도 저를 위해 잔치를 여신 적이 있으십니까?'라고 불평했다. 그러자 아버지는 '아들아, 내가 가진 것이 다 네 것인 줄 모르느냐? 네 동생을 잃어버렸다가 다시 찾았는데 우리가 즐거워하고 기뻐해야 하지 않겠느냐?'라고 말했다."

● ● 가스펠 링크

종교 지도자들은 예수님이 죄인들을 반갑게 맞이한다고 불평했어요. 예수님은 죄인들을 찾으시고 용서하시는 하나님에 대해 가르치려고 이 비유들을 들려주셨어요. 하나님은 예수님을 보내셔서 죄인들이 용서받을 수 있게 하셨어요. 구원자 예수님은 죄인을 찾으세요. 그리고 죄인들을 죄에서 구하기 위해 자신의 생명을 내어 주셨어요.

가스펠 준비
(10~20분)

 ## 환영

도착하는 아이들을 반갑게 맞이하고 헌금, 출석, QT 등을 확인하며 격려한다. 새 친구가 있다면 소개한다. 편안한 분위기에서 안부를 물으며 오늘의 말씀과 관련된 화제로 이야기를 나눈다. 아이들에게 소중한 것을 잃어버린 적이 있는지 물어본다. 자발적으로 대화에 참여하도록 이끈다.

예) "소중한 것을 잃어버린 적이 있나요?", "그때 기분이 어땠나요?", "잃어버린 것을 다시 찾았나요?" 등.

▬▬ 소중하게 여기던 무언가를 잃어버리는 것은 상상만 해도 슬퍼요. 오늘은 예수님이 잃어버린 물건이나 사람에 관한 비유를 들려주실 거예요. 예수님은 이 비유를 통해 무엇을 말씀하시려는 것일까요?

 ## 마음 열기

찾아라, 보물! *

준비물 **종이, 펜, 보물로 사용할 물건 10개, 연필**

① 물건들을 예배실 곳곳에 숨기고, 종이에 숨긴 물건들의 특징을 나열한 목록을 2장 작성한다.

예) 둥근 물건, 노란색 물건, 매일 사용하는 물건 등.

② 아이들을 2팀으로 나누고, 보물찾기 목록과 연필을 나누어 준다.

③ 보물을 찾으면 물건을 가져오는 것이 아니라 목록에 있는 설명 옆에 물건의 이름을 쓰라고 말해 준다.

④ 2팀 모두 목록을 완성하면, 목록에 있는 보물들이 어떤 물건인지 팀별로 발표하게 한다.

▬▬ 모두 잘 찾았어요! 오늘 성경 이야기에서 예수님은 3가지 비유를 들려주세요. 이 비유에 나오는 사람들은 모두 잃어버린 무언가를 찾고 있어요. 과연 그들은 잃어버린 것을 잘 찾았을까요? 함께 알아보기로 해요.

어디에 있을까? *

준비물 **종이컵 또는 불투명한 일회용 컵, 같은 물건 2개씩 15종류 이상**(단추 2개, 병뚜껑 2개, 솜뭉치 2개, 돌멩이 2개, 동전 2개 등)

① 준비한 물건들을 바닥에 놓고 종이컵으로 물건을 하나씩 덮어 보이지 않게 감춘 후, 종이컵들의 위치를 뒤섞는다.

② 한 명씩 컵을 2개 들어서 컵 안에 숨겨진 물건을 확인하게 한다.

③ 같은 물건 2개를 동시에 찾은 아이는 물건을 가질 수 있다고 말해 준다. 서로 다른 물건이 나오면 컵으로 다시 덮어 두게 한다.

④ 같은 물건을 가장 많이 찾은 사람이 이긴다.

TIP 놀이를 더 어렵게 하려면 물건을 가져간 뒤에도 빈 컵을 그대로 둔 채 놀이를 진행한다.

▬▬ 같은 물건을 찾기가 어려웠나요? 찾았을 때 기분이 어땠나요? 열심히 찾던 것을 발견하면 정말 기쁘지요? 오늘 성경 이야기는 예수님이 들려주신 3가지 비유에 관한 것이에요. 비유에 나오는 사람들은 모두 무언가를 잃어버렸다가 찾게 되는데, 소중한 물건을 찾을 때마다 기뻐서 잔치를 벌였어요! 얼마나 소중한 물건이었을까요? 성경 이야기를 통해 알아보아요.

교사를 위한 기록장 이 과를 준비하면서 깨닫게 된 묵상을 정리해 보세요.

· 하나님이나 나에 대해 새롭게 알게 된 것은?

· 기억하고 싶은 하나님의 약속은?

· 아이들에게 전하고 싶은 메시지는?

39

가스펠 설교
(15~30분)

들어가기

준비물 등산화, 등산용 배낭, 성경, 큰 지도

등산화를 신고, 성경이 들어 있는 등산용 배낭을 메고 들어온다. 큰 지도를 거꾸로 들고 있다.

안녕하세요, 여러분! 만나서 다행이에요. 혹시 지도 볼 줄 아세요? 아무리 봐도 무슨 말인지 도무지 모르겠어요. 거꾸로든 지도를 뚫어지게 보다가 바로 고쳐 든다. 아! 이제 알겠다! 조금 있다가 이 지도를 보면서 등산을 가려고 해요. 아무도 없는 곳에서 길을 잃으면 안 되니까요.

사실은 전에 길을 잃은 적이 있어요. 아버지와 함께 등산하다가 실수로 등산로를 벗어나 버렸지 뭐예요. 우리도 모르는 사이에 길을 거꾸로 가고 있었어요. 다행히 아버지가 구조 요청을 하셨고, 공원 관리인이 우리를 구하러 왔지요. 그를 보자 얼마나 반가웠는지 몰라요! 관리인 덕분에 캠프장까지 무사히 올 수 있었답니다.

배낭을 벗고 성경을 꺼낸다. 오늘은 예수님이 들려주신 3가지 비유를 들을 거예요. 예수님은 잃어버린 물건과 사람들에 관해 이야기하셨지요.

연대표

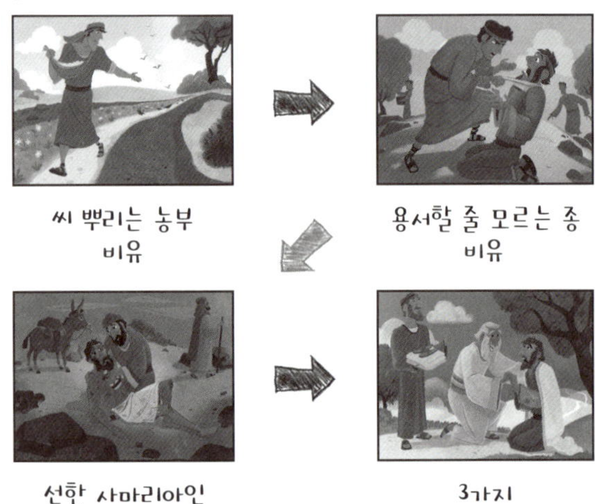

씨 뿌리는 농부
비유

용서할 줄 모르는 종
비유

선한 사마리아인
비유

3가지
비유

그동안 우리는 예수님의 비유 몇 가지를 들었어요. 씨 뿌리는 농부 비유, 용서할 줄 모르는 종 비유, 선한 사마리아인 비유였어요. 오늘 성경 이야기에서 예수님은 3가지 비유를 통해 예수님이 어떤 분인지 가르쳐 주세요. 어떤 비유들인

지 들어 볼까요? 연대표에서 오늘의 성경 이야기를 가리킨다. 오늘의 성경 이야기 제목은 "3가지 비유"예요. 신약성경의 누가복음에 나오는 이야기이지요.

성경의 초점

성경이 어떤 이야기를 들려주는지 한두 문장으로 말할 수 있는 사람 있나요? 아이들의 대답을 기다린다. 멋진 대답이었어요! 성경은 하나님이 아들인 예수님을 세상에 보내 사람들을 죄에서 구하신 이야기예요. 예수님은 이 땅에 계실 때 사람들에게 하나님과 하나님 나라에 대해 가르치셨어요. 예수님은 종종 비유로 말씀하셨어요. 1단원의 '성경의 초점' 질문과 답을 함께 말해 볼까요? 아이들의 대답을 기다린다. 맞아요. **예수님은 왜 비유로 말씀하셨나요? 예수님은 하나님과 하나님 나라에 대해 가르치기 위해 비유로 말씀하셨어요.**

성경 이야기

누가복음 15장을 펴고, 설교 영상(지도자용 팩)을 보여 주거나 이야기 성경을 들려준다. 이야기를 하는 동안 다양한 음향 효과를 사용해 본다. (예 : 첫 번째 비유에서는 양이 우는 소리, 두 번째 비유에서는 동전이 짤랑거리는 소리, 세 번째 비유에서 작은아들이 곤경에 빠진 장면에서는 돼지가 킁킁거리는 소리, 집으로 돌아오는 장면에서는 사람들이 시끌벅적하게 기뻐하는 소리, 큰아들이 나올 때는 낮은 트럼펫 소리를 낸다) 또는 극적인 대화를 연출해 본다. 작은아들이 집에 돌아오는 장면에서 목소리를 낮추어 읽거나, 아버지와 아들의 대사를 읽을 때 서로를 바라보고 대화하듯이 자리를 바꾸며 1인 2역을 해 본다. 처음 비유는 어떤 내용이었나요? (잃어버린 양 이야기) 양 한 마리를 잃어버린 사람이 99마리의 양을 두고 잃어버린 양을 찾아 나서는 이야기였어요. 잃어버린 양을 발견하자 그는 친구들을 불러 함께 기뻐했어요! 예수님은 이와 같이 하늘에서도 잃어버린 한 사람이 죄에서 떠나 하나님께 돌아오면 기뻐한다고 말씀하셨어요. 잃어버린 사람이란 예수님이 주님이자 구원자이신 것을 모르고 믿지 않는 사람을 말해요. 예수님은 두 번째로 은화를 잃어버린 한 여인에 관한 비유를 들려주셨어요. 이 여인도 은화를 찾아내자 친구들을 불러 함께 기뻐했어요. 예수님은 이번에도 이와 같이 잃어버

린 사람이 죄를 버리고 하나님께 돌아올 때 하나님의 천사들이 기뻐한다고 말씀하셨어요.

세 번째 비유는 아버지를 버리고 집을 나간 한 아들의 이야기였어요. 아버지에게 많은 재산을 받은 아들은 다른 나라로 가 허랑방탕하게 돈을 다 써버렸지요. 자신의 행동이 잘못되었다는 것을 깨달은 아들은 집으로 돌아가기로 결심했어요. 아버지의 집에서 종노릇이라도 하면 적어도 먹을 음식과 누울 자리 정도는 생길 테니까요.

아버지는 집에 돌아온 아들을 보고 어떻게 했나요? 아버지는 먼 거리에서도 아들을 알아보고 달려가 그를 끌어안고 입을 맞추었어요. 그런 뒤 잔치를 열었지요. 아버지는 아들을 종으로 대하지 않았어요. 여전히 아들로 사랑했어요!

하나님이 이런 분이시라는 것을 알고 있나요? 우리는 어리석어서 죄를 짓고 하나님께 불순종하지만, 하나님은 우리가 하나님께 돌아오기를 바라세요. 우리의 잘못을 회개할 때 하나님은 화를 내지 않으세요. 오히려 기뻐하세요!

하지만 이야기는 여기서 끝나지 않아요. 돌아온 아들에게는 형이 있었어요. 형은 동생이 돌아왔다고 잔치를 연 아버지에게 화가 났어요. 언제나 아버지에게 순종한 것은 자기였는데 집 나가서 돈을 다 써버린 동생을 위해 잔치를 벌이다니요! 형은 동생을 위해 잔치를 여는 것이 불공평하다고 생각했어요.

 가스펠 링크

예수님이 이 비유를 들려주신 이유는 바리새인들과 종교 지도자들의 모습이 이야기 속의 큰아들과 같았기 때문이에요. 그들은 하나님의 법을 지키기 위해 열심히 애썼어요. 그래서 예수님이 나쁜 짓을 한 사람들의 친구가 되면 안 된다고 생각했지요. 하지만 예수님은 죄인들의 친구가 되어 주세요! 우리는 모두 죄인이에요. 예수님은 우리가 모두 죄를 버리고 예수님을 믿길 바라시지요. 온 세상의 구원자이신 **예수님은 잃어버린 자들을 찾으시고 구원하세요.** 그리고 영원히 하나님과 함께할 수 있는 집으로 그들을 부르세요.

 복음 초청

성경과 71쪽 복음 초청 가이드를 이용해서 아이들에게 그리스도인이 되는 법을 설명해 준다. 따로 상담해 줄 사람을 정해 주고 궁금한 점이 있으면 물어보도록 격려한다.

이 시간 예수님을 마음에 모시고 싶은 친구는 함께 기도해요.

 기도

하나님, 우리를 죄에서 구하려고 예수님을 보내 주셔서 감사합니다. 예수님이 없었다면 우리는 아직도 잃어버린 자였을 것입니다. 하지만 하나님은 잃어버린 자들을 찾으시고 구원하시는 분이십니다. 하나님과 함께 잃어버린 자를 구원하기 위해 힘쓰는 우리가 되도록 인도해 주세요. 예수님의 이름으로 기도합니다. 아멘.

적용

TIP 설교 도입이나 적용으로 활용하거나 영상을 본 뒤 소그룹으로 나누어 풍성한 대화를 이어 갈 수 있습니다.

소중한 것을 잃어버렸다가 다시 찾은 경험을 떠올려 보세요. 잃어버렸을 때 기분이 어땠나요? 다시 찾았을 때는요? 그런 생각을 하며 다음 영상을 함께 보기로 해요.

적용 예화 영상(지도자용 팩)을 보여 준 후, 다음의 질문으로 이야기를 나눈다.

1 기르던 반려동물이 사라졌을 때 아이들의 기분이 어땠나요? 다시 돌아왔을 때는요?

2 예수님을 믿지 않는 사람을 왜 '잃어버린 자'라고 할까요?

3 하나님이 여러분을 찾으러 오셨다고 생각하니 기분이 어떤가요?

예수님을 믿지 않는 사람은 '잃어버린 자'예요. **예수님은 잃어버린 자들을 찾으시고 구원하세요.** 길을 잃는 것은 정말 무서운 일이에요! 그런데 세상에는 길을 잃고도 그 사실조차 모르는 사람이 정말 많아요. 눈에 보이는 길이 아니라 영적인 길을 잃은 사람들 말이에요. 예수님은 하나님을 믿는 사람들은 어두운 세상의 등불과 같다고 하셨어요. 우리는 영적으로 길을 잃은 사람들에게 예수님을 전하며 그들을 도울 수 있어요.

가스펠 소그룹
(10~20분)

 ## 나침반

그림으로 기억해!

준비물 1단원 암송(132쪽), 전지, 접착테이프, 색연필

① 전지를 예배실 벽에 붙여 둔다.

② 1단원 암송의 핵심 단어를 몇 개 고르고, 자원하는 아이들을 뽑아 핵심 단어를 종이에 그림으로 표현하게 한다.

　예) 막대 인간을 여러 개 그려 무리를, 하트 모양으로 불쌍히 여기는 마음을, 양과 지팡이를 그려 양과 목자를 표현한다.

③ 그림 그리기가 끝나면, 그림을 보고 암송 구절을 떠올리며 외우게 한다.

───　예수님은 자신을 찾아온 사람들을 불쌍히 여기셨어요. **예수님은 잃어버린 자들을 찾으시고 구원하세요.** 죄인들을 불쌍히 여기시는 예수님은 사람들이 하나님께 돌아와 용서받기를 바라세요.

 ## 보물 지도

비유 연극

준비물 성경

① 아이들을 3팀으로 나누고, 팀별로 3가지 비유를 하나씩 연극으로 표현하게 한다.

② 팀별로 성경을 읽을 사람과 각 배역을 정하게 한다.

③ 한 아이가 성경을 읽으면, 배역을 맡은 아이들은 읽은 성경 내용에 따라 연기하는 것이라고 말해 준다.

④ 연극이 끝날 때마다 아이들에게 질문한다.

1 잃어버린 양 비유 (눅 15:4~7)

　양을 잃었다 찾은 사람이 왜 친구들과 이웃들을 부를까요?

　함께 즐거워하고 기뻐하려고 (눅 15:6)

2 잃어버린 동전 비유 (눅 15:8~10)

　동전을 잃었다 찾은 여인이 왜 친구들과 이웃들을 부를까요?

　함께 즐거워하고 기뻐하려고 (눅 15:9)

3 잃어버린 아들 비유 (눅 15:11~32)

　돌아온 아들을 본 아버지는 어떻게 반응했나요? 형은 어떻게 반응했나요? 아버지는 기뻐하며 잔치를 벌였지만, 형은 화를 내며 잔치에 참여하지 않았다 (눅 15:23, 28)

───　모두 정말 잘했어요! **예수님은 왜 비유로 말씀하셨나**

요? 예수님은 하나님과 하나님 나라에 대해 가르치기 위해 **비유로 말씀하셨어요.** 예수님은 종교 지도자들에게 자신이 죄인들의 친구인 이유를 설명하셨어요. 이 3가지 비유는 예수님이 잃어버린 자들을 찾으시고 구원하신다는 사실을 알려 주어요. '잃어버린 자'는 예수님이 주님이며 구원자라는 사실을 모르는 사람을 말해요.

 ## 탐험하기

우와, 찾았다!

준비물 학생용 교재 16쪽, 연필

① 비유 속의 세 사람이 잃어버린 것들을 찾아 〇표 하게 한다.

② 미로를 통과하며 찾은 단어를 조합해 문장을 완성하게 한다.

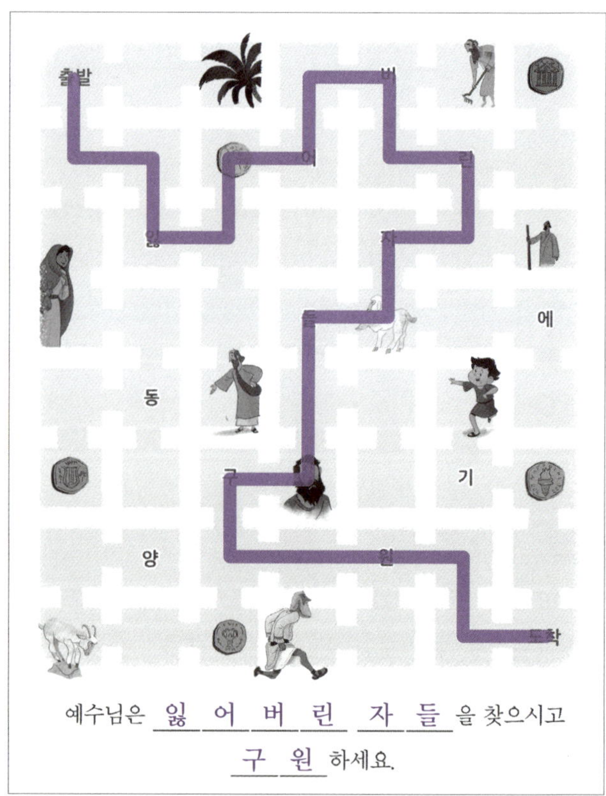

───　잃어버린 것을 다시 찾았을 때의 기쁨은 이루 말할 수 없어요. 3가지 비유에 나오는 사람들도 같은 마음이었을 거예요. 그래서 잔치까지 열었겠지요. 예수님은 이 3가지 비유를 통해 하나님의 마음을 가르쳐 주셨어요. 하나님은 잃어버린 자들을 찾아 그들을 구원하기 원하세요. 그리고 그들이 돌아올 때 잔치를 열 만큼 기뻐하실 거예요.

내 마음은

 학생용 교재 17쪽, 65쪽 '감정' 스티커, 연필

① 오늘 성경 이야기에 나온 아버지와 두 아들의 감정이 어땠을지 '감정' 스티커를 자유롭게 골라 붙여 보라고 한다.

② 왜 그렇게 생각하는지 자신의 생각을 빈칸에 적어 보게 한다.

각 사람의 감정이 어땠을지 표시해 보았나요? 여기서 아버지의 마음은 하나님의 마음을 말해요. 잃어버린 아들이 돌아왔을 때 기뻐하는 아버지의 모습이 하나님을 떠올리게 하지요. **예수님은 잃어버린 자들을 찾으시고 구원하세요.**

아들이 돌아왔다 *

 동전, 휴지통, 코트, 플라스틱 반지, 장난감 드럼 또는 멜로디카, 크래커(동물 모양 또는 물고기 모양)

① 아이들을 2팀으로 나누고, 팀마다 릴레이 코스를 2개씩 정해 준다.

② 아이들에게 각 코스에서 해야 할 일을 설명해 준다.

· 1코스 - 동전을 바닥에 두고, 약 1m 정도 떨어진 곳에 작은 휴지통을 둔다. 주자는 달려가 "내 돈 주세요!"라고 말하며 동전 5개를 줍는다. 그런 다음 동전을 휴지통에 던져 넣고 "돈을 다 써버렸네!"라고 말한다.

· 2코스 - 동물 모양 크래커를 준비한다. 주자는 과자를 하나 먹고 다음 코스로 이동한다.

· 3코스 - 코트와 반지를 바닥에 둔다. 주자는 코트를 입고 반지를 낀 다음 "집에 돌아왔다!"라고 말한다. 그런 다음 옷을 벗고 반지를 뺀다.

· 4코스 - 장난감 드럼을 예배실 바닥에 둔다. 주자는 악기를 들고 "잔치를 벌이자!"라고 말한 뒤 음악을 연주한다.

③ 팀별로 한 사람씩 출발해 코스 2개를 돌고 돌아오면, 다음 주자가 출발한다.

④ 각 팀의 모든 아이가 코스를 마칠 때까지 진행한다.

3가지 비유의 공통점은 잃어버린 것을 찾은 후 기뻐했다는 거예요. 예수님은 이 비유를 통해 하나님의 마음을 알려 주셨어요. 잃어버린 죄인 한 명이 회개하고 돌아오면 하나님이 몹시 기뻐하신다는 것을 알 수 있어요. **예수님은 잃어버린 자들을 찾으시고 구원하세요.**

 보물 상자

나만의 기록장

 학생용 교재 18쪽, 연필

주변에 예수님이 구원자요 주님이라는 사실을 모르는 '잃어버린 자'가 있는지 떠올려 보고, 그 사람에게 어떤 말로 복음을 전할지 써 보라고 한다.

예수님은 잃어버린 자들을 찾으시고 구원하세요. 우리는 하나님이 하나님의 구원 계획을 이루어 가실 것을 믿을 수 있어요. 어떤 사람이 죄를 회개하고 예수님을 믿고 의지한다면 그 사람은 하나님이 찾으신 거예요! 그러면 우리는 함께 모여 기뻐할 수 있어요!

메시지 카드

이번 주 메시지 카드로 부모님과 함께 오늘 배운 성경 이야기를 나누어 보라고 한다.

기도

하나님, 우리의 연약함을 아시고 예수님을 이 땅에 보내 주셔서 감사합니다. 그리고 우리를 끝까지 찾으시고 사랑해 주시니 감사합니다. 아직 예수님을 모르는 사람들을 위해 기도합니다. 그들에게 예수님을 전하는 우리가 될 수 있도록 인도해 주세요. 예수님의 이름으로 기도합니다. 아멘.

5
바리새인과 세리 비유

눅 18:9~14

예수님은 예루살렘을 향해 걸어가고 계셨습니다. 그곳은 인자에 관해 기록된 모든 예언이 성취될 장소였습니다(눅 18:31~33 참조).

예수님은 마을에서 마을로 이동하시며 바리새인과 서기관, 세리와 죄인들, 그리고 제자들을 가르치셨습니다. 누가복음 18장 9~14절에 나오는 비유는 예수님이 특정한 사람들에게 들려주신 것입니다. 그들은 "자기를 의롭다고 믿고 다른 사람을 멸시하는 자들"(눅 18:9)이었습니다.

비유에는 성전에 기도하러 올라간 두 사람이 등장합니다. 한 사람은 바리새인으로, 그는 자신의 행위 때문에 자신이 의롭다고 믿는 사람이었습니다. 그는 자리에서 일어나 자신이 다른 사람과 같은 죄인이 아닌 것에 감사하는 기도를 드렸습니다. 또 한 사람은 세리였는데, 그는 겸손하게 자기 죄를 인정하고 하나님의 긍휼을 구하는 기도를 드렸습니다. 예수님은 바리새인이 아니라 세리가 하나님께 의롭다 하심을 받

고 집으로 돌아갔다고 말씀하셨습니다.

●● 티칭 포인트

아이들을 가르칠 때, 하나님은 교만한 자를 물리치시고 겸손한 자에게 은혜를 주시는 분이라고 설명해 주십시오(약 4:6 참조). 교만은 우리를 예수님에게서 멀어지게 합니다. 교만은 자신을 실제보다 더 나은 사람으로 생각하는 것입니다. 바리새인과 같은 마음을 가진 사람은 예수님을 필요로 하지 않습니다. 이야기 속의 바리새인은 자기가 지은 죄를 고백하는 것보다 짓지 않은 죄를 자랑하는 데 더 신경을 썼습니다. 반면 세리는 자신이 하나님 앞에 설 곳이 없는 존재임을 알았습니다. 그래서 그는 하나님께 용서를 구했고 하나님은 그에게 긍휼을 베푸셨습니다.

하나님은 바리새인을 보고 "우와, 대단한데!"라고 말씀하지 않으셨습니다. 이것은 우리에게도 마찬가지입니다. 하나님은 우리를 있는 그대로 보십니다. 용서가 필요한 죄인으로 말입니다. 예수님은 십자가에서 죽으심으로 우리가 받아야 할 죄의 벌을 대신 받으셨습니다. 하나님은 모든 사람이 구원받기를 바라십니다(딤전 2:4; 벧후 3:9 참조). 우리가 하나님께 나아가는 데는 믿음 말고 다른 것은 아무것도 필요 없다는 것을 알려 주십시오. 그저 이야기 속의 세리처럼 하나님께 부르짖으면 됩니다. 그러면 하나님은 예수님 때문에 우리를 용서하십니다.

주 제

하나님은 교만한 자를 버리시고 겸손한 자에게 은혜를 베푸세요.

가스펠 링크

모든 사람은 하나님의 용서가 필요한 죄인이에요. 예수님은 십자가에서 죽으심으로 우리가 받아야 할 죄의 벌을 대신 받으셨어요.

바리새인과 세리 비유 눅 18:9~14

예수님이 남을 얕보는 사람들에 대한 이야기를 들려 주셨어요. 이 사람들은 자기가 다른 어떤 사람보다도 낫다고 생각했어요.

예수님이 말씀하셨어요. "두 사람이 성전에 기도하러 갔다. 하나는 바리새인이고 하나는 세리였다."

종교 지도자인 바리새인은 율법을 잘 지켜 하나님을 기쁘시게 하려고 매우 열심히 노력하는 사람이었어요. 심지어 하나님이 말씀하시지 않은 새로운 규칙들도 만들어 냈지요.

세금을 걷는 관리인 세리는 부정직하고 불공평한 방법으로 세금을 걷을 때가 많았어요. 그래서 사람들은 세리를 싫어했지요.

"바리새인은 따로 서서 이렇게 기도했다. '하나님, 저는 다른 사람들처럼 욕심부리지도 않고, 거짓말도 하지 않고, 믿음을 저버리지도 않는 사람이라서 감사합니다. 저기 있는 세리와 같지 않아서 감사합니다. 저는 일주일에 2번씩 금식하고 십일조도 합니다.'

세리는 멀리 서 있었다. 자신이 저지른 죄가 부끄러워 고개도 들지 못했다. 그는 가슴을 치며 이렇게 기도했다. '하나님, 저를 불쌍히 여겨 주십시오! 저는 죄인입니다!'"

바리새인의 기도와 세리의 기도는 아주 달랐어요. 예수님은 하나님이 세리의 기도를 더 마음에 들어 하시고, 그의 죄를 용서해 주셨다고 말씀하셨어요. 하지만 바리새인의 기도는 좋아하지 않으셨지요.

예수님은 "누구든지 자기를 높이는 사람은 낮아지고, 자기를 낮추는 사람은 하나님이 높여 주실 것이다"라고 말씀하셨어요.

● ● 가스펠 링크

세리는 자신이 용서받아야 할 죄인이라는 사실을 알고 하나님께 부르짖었어요. 모든 사람은 하나님의 용서가 필요한 죄인이에요. 예수님이 십자가에서 죽으심으로 우리가 받아야 할 죄의 벌을 대신 받으셨기 때문에 우리도 세리처럼 하나님께 부르짖으면 하나님은 우리를 용서하세요.

 **환영**

도착하는 아이들을 반갑게 맞이하고 헌금, 출석, QT 등을 확인하며 격려한다. 새 친구가 있다면 소개한다. 편안한 분위기에서 안부를 물으며 오늘의 말씀과 관련된 화제로 이야기를 나눈다. 아이들에게 '겸손'과 '교만'의 의미를 아는지 물어본다. 자발적으로 대화에 참여하도록 이끈다.

예) "누군가 겸손한 행동을 하는 것을 본 적이 있나요?", "자신이 교만하다고 느낀 적이 있나요?" 등.

▭▭▭ 오늘 성경 이야기에서 예수님의 이야기를 들은 사람들은 충격을 받았어요. 높아지려 하면 낮아지고, 낮아지려 하면 높아진다는 예수님의 말씀에 모두 깜짝 놀랐지요. 예수님은 어떤 말씀을 우리에게 하시려는 것일까요?

 **마음 열기**

내가 제일 잘나가! ★ ______________________

① 술래를 한 명 정한다.

② 아이들에게 한 명씩 일어나 자기가 잘할 수 있는 것을 말하게 한다.

예) "나는 6초 만에 신발 끈을 묶을 수 있어!", "나는 바닥에서 30cm 높이 뛸 수 있어!" 등.

③ 그러면 술래는 그 아이보다 한 수 위임을 나타내는 말을 해야 한다고 알려 준다. 술래의 말은 창의적이고 재미있으면 되고 꼭 진실일 필요는 없다고 말해 준다.

예) "나는 4초 만에 신발 끈을 묶을 수 있어!", "나는 바닥에서 3m 높이 뛸 수 있어!" 등.

④ 술래를 바꾸며 아이들이 모두 자기의 능력을 자랑할 기회를 준다.

▭▭▭ 오늘은 예수님이 들려주신 자기가 다른 사람들보다 훨씬 낫다고 생각한 어떤 사람에 관한 이야기를 들을 거예요. 과연 그 사람의 생각이 맞았는지 함께 알아보기로 해요.

우리 반 장기 자랑 ★ ______________________

준비물 **색인 카드, 펜, 간단한 선물**

① 색인 카드에 아이들이 수행할 간단한 지시 사항을 각각 써 둔다.

예) 한 발로 뛰기, 뒤로 돌기, 눈 3번 깜빡이기, 인사하기, 손뼉 5번 치기, 가방에 서 화장지 꺼내기 등.

② 자원하는 아이를 한 명 뽑아 카드 한 장을 주고, 사회자처럼 멋들어지게 소개한다.

▭▭▭ 신사 숙녀 여러분! 지금부터 믿기 힘들 정도로 놀라운 능력을 가진 친구들을 소개하겠습니다! 다들 준비되셨나요? 맨 처음 나올 친구는 아이의 이름! 준비되었나요? 자, 그럼 시작하세요!

③ 아이에게 카드에 적힌 과제를 수행하게 한다. 나머지 아이들의 박수를 유도한다.

④ 과제를 수행한 아이에게 감사 인사와 선물을 하고, 다른 아이를 불러 다음 과제를 수행하게 한다.

정말 놀라운 공연이었지요? 여러분도 깜짝 놀라지 않았나요? 아니라고요? 왜 그런가요? 사실 별것도 아닌 것을 마치 대단한 능력인 듯 행동하는 것이 좀 우스웠나요?

오늘 성경 이야기에서 예수님은 자기가 남들보다 훨씬 나은 사람이라고 생각하는 어떤 사람의 이야기를 들려주실 거예요. 그 사람의 말이 맞는지 함께 알아볼까요?

교사를 위한 기록장 이 과를 준비하면서 깨닫게 된 묵상을 정리해 보세요.

· 하나님이나 나에 대해 새롭게 알게 된 것은?

· 기억하고 싶은 하나님의 약속은?

· 아이들에게 전하고 싶은 메시지는?

가스펠 설교
(15~30분)

들어가기

준비물 등산화, 등산용 배낭, 트로피 또는 동메달

등산화를 신고, 성경이 들어 있는 등산용 배낭을 메고 들어온다. 트로피나 동메달을 들고 있다.

안녕하세요, 여러분! 이것 좀 보세요! 트로피나 동메달을 들어 올린다. 제가 이 지역 캠프파이어 '불 피우기 대회'에서 3등을 했어요. 그런 대회가 있다는 것을 알고 있었나요? 신기하지요? 비록 1등은 못했지만, 괜찮아요. 최선을 다했으니까요. 우승자는 몇 년째 이 대회에 참가한 사람이에요. 이 대회를 위해 주말마다 연습했다고 해요! 정말 대단하지요?

배낭을 벗고 성경을 꺼낸다. 자, 오늘 들을 비유는 캠프파이어 이야기가 아니고요, 자기가 남들보다 더 나은 사람이라고 생각한 어떤 사람에 관한 이야기예요.

연대표

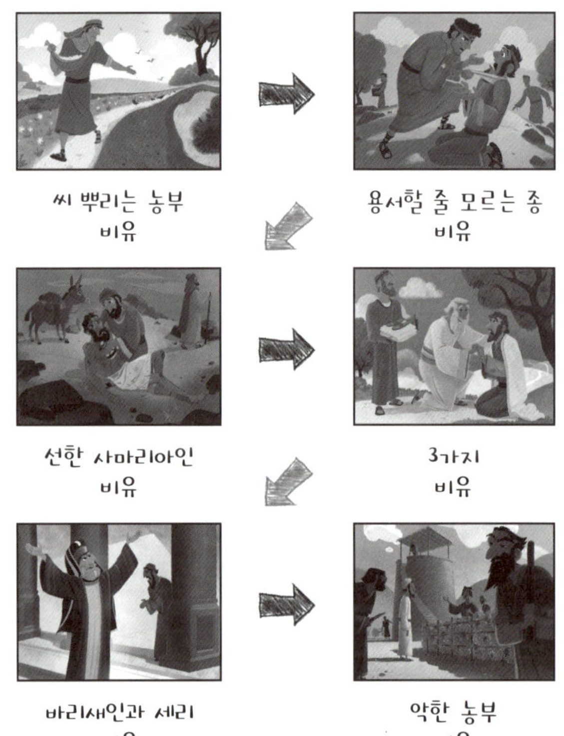

씨 뿌리는 농부 비유

용서할 줄 모르는 종 비유

선한 사마리아인 비유

3가지 비유

바리새인과 세리 비유

악한 농부 비유

연대표에서 지난 성경 이야기들을 가리킨다. 그동안 우리는 비유를 통해 사람들이 복음에 어떻게 반응하는지, 하나님이 우리를 얼마나 불쌍히 여기시는지, 그리고 예수님이 우리를 얼마나 사랑하시는지를 배웠어요. 연대표에서 오늘의 성경 이야기를 가리킨다. 오늘의 성경 이야기는 "바리새인과 세리 비유"예요. 예수님은 참된 기도가 무엇인지 이 비유를 통해 가르쳐 주셨어요.

성경의 초점

기억하고 있나요? 성경에는 수많은 이야기가 있고, 이 이야기들을 모두 합치면 하나님이 아들 예수님을 이 땅에 보내 사람들을 죄에서 구원하신 이야기가 된다는 것을요. 예수님은 이 땅에 계시는 동안 사람들에게 하나님과 하나님 나라에 대해 가르치셨어요. 예수님은 종종 비유로 말씀하셨어요. 1단원 '성경의 초점' 질문을 기억하나요? **"예수님은 왜 비유로 말씀하셨나요?"**이지요? 대답은 **"예수님은 하나님과 하나님 나라에 대해 가르치기 위해 비유로 말씀하셨어요."**이고요.

성경 이야기

누가복음 18장을 펴고, 설교 영상(지도자용 팩)을 보여 주거나 이야기 성경을 들려준다. 사다리나 발판을 사용해 예배실 공간을 다양하게 활용한다. 바리새인의 교만한 기도를 읽을 때는 높은 곳에 올라가고, 세리의 겸손한 기도를 읽을 때는 바닥에 내려와 무릎을 꿇는다. 또는 전체 조명을 어둡게 하고 무대만 밝혀 인도자에게 시선이 집중되게 한다. 세리에게 조명을 비춰 하나님이 그의 겸손한 기도를 들으시고 용서하셨다는 것을 알려 준다.

예수님은 항상 목적을 가지고 비유를 들려주셨어요. **예수님은 왜 비유로 말씀하셨나요? 예수님은 하나님과 하나님 나라에 대해 가르치기 위해 비유로 말씀하셨어요.** 바리새인과 세리 비유는 다른 사람을 얕보는 사람들에게 교훈을 주시려고 예수님이 들려주신 이야기예요.

바리새인들은 종교 지도자들이었어요. 그들은 하나님의 율법을 잘 지켜 하나님을 기쁘시게 하려고 했지요. 심지어 새로운 율법을 만들어 내기도 했어요. 세리들은 로마를 위해 세금 걷는 일을 했는데, 부정직하거나 불공평하게 일할 때가 많았어요. 한 바리새인과 한 세리가 하나님께 기도를 드리려고 성전에 올라갔어요. 하지만 두 사람의 기도는 전혀 달랐지요. 바리새인은 자신을 어떤 사람으로 생각했나요? (그는 자신이 나쁜 죄도 짓지 않고 좋은 일도 많이 한 의로운 사람이라고 생각했다) 세리는 자신을 어떤 사람으로 생각했나요? (그는 자신이 하나님의 용서가 필요한 죄인임을 알고 있었다)

긍휼의 마음이란 당연히 주어야 할 벌을 주지 않고 오히려 친절을 베푸는 따뜻한 마음이에요. 세리는 자신이 죄인이기 때문에 하나님께 벌을 받는 것이 당연하다고 생각했어요. 하지만 하나님은 그를 용서하셨어요. 은혜를 베푸셨지요. 예수님은 하나님이 세리의 기도를 기뻐하셨지만, 바리새인의 기도는 기뻐하지 않으셨다고 말씀하셨어요.

하나님은 교만한 자를 버리시고 겸손한 자에게 은혜를 베푸세요. 교만은 우리를 예수님에게서 멀어지게 해요. 교만은 자신을 실제보다 더 나은 사람으로 생각하게 만들어요. 바리새인과 같은 마음을 가진 사람에게는 예수님이 필요 없어요. 비유 속의 바리새인은 자기가 지은 죄를 고백하는 것보다 짓지 않은 죄를 자랑하는 데 더 신경을 썼어요. 한편 세리는 자신이 하나님 앞에서 설 곳이 없는 죄인임을 알았지요. 그는 하나님께 긍휼을 구했고, 하나님은 그에게 긍휼을 베푸셨어요.

 가스펠 링크

하나님은 바리새인을 대단하게 여기지 않으셨어요. 우리를 보실 때도 마찬가지예요. 하나님은 우리를 있는 그대로 보세요. 용서가 필요한 죄인으로 말이에요. 하나님은 우리를 사랑하셔서 우리를 구하려고 하나뿐인 아들을 보내셨어요. 예수님은 겸손한 분이에요. 하늘에서 이 땅으로 내려오셨지요. 모든 사람은 하나님의 용서가 필요한 죄인이에요. 예수님은 십자가에서 죽으심으로 우리가 받아야 할 죄의 벌을 대신 받으셨어요. 하나님은 모든 사람이 구원받기를 바라세요. 우리가 하나님께 나아가는 데는 믿음 말고는 아무것도 필요 없어요. 그저 성경 이야기 속의 세리처럼 하나님께 부르짖으면 하나님은 예수님 때문에 우리를 용서하세요.

복음 초청

성경과 71쪽 복음 초청 가이드를 이용해서 아이들에게 그리스도인이 되는 법을 설명해 준다. 따로 상담해 줄 사람을 정해 주고 궁금한 점이 있으면 물어보도록 격려한다.

이 시간 예수님을 마음에 모시고 싶은 친구는 함께 기도해요.

 기도

하나님, 세리의 고백처럼 우리도 하나님께 기도합니다. 우리는 죄인입니다. 우리를 불쌍히 여겨 주세요. 자신을 대단하게 여기고, 다른 사람을 얕보았던 일들을 용서해 주세요. 죄인인 우리를 구원하려고 예수님을 보내 주셔서 감사합니다. 십자가에서 죽으심으로 우리가 받아야 할 벌을 대신 받으신 예수님을 더욱 바라보게 도와주세요. 예수님의 이름으로 기도합니다. 아멘.

 적용

TIP 설교 도입이나 적용으로 활용하거나 영상을 본 뒤 소그룹으로 나누어 풍성한 대화를 이어 갈 수 있습니다.

교만한 사람을 만난 적이 있나요? 어떤 생각이 들었나요? 그 생각을 하며 다음 영상을 함께 보기로 해요.

적용 예화 영상(지도자용 팩)을 보여 준 후, 다음의 질문으로 이야기를 나눈다.

1 컵케이크는 겸손했나요, 교만했나요?

2 여러분은 어떤 경우에 교만해지나요?

3 자신이 다른 사람보다 낫다거나 더 의롭다고 생각해 본 적 있나요? 예수님이라면 뭐라고 말씀하실까요?

하나님은 교만한 자를 버리시고 겸손한 자에게 은혜를 베푸세요. 교만한 사람은 자신에게 하나님이 필요 없다고 생각할지도 몰라요. 참 어리석은 생각이지요. 하나님은 은혜로우신 분이세요. 우리가 죄를 고백하고 하나님께 나아가면, 하나님은 우리에게 상을 주시고 우리를 높여 주세요.

가스펠 소그룹
(10~20분)

 ## 나침반

말씀을 만들어라!

준비물 1단원 암송(132쪽), '암송 벽돌'(지도자용 팩), 가위, 바구니, 접착테이프

① '암송 벽돌'을 출력해 잘라 바구니에 담아 둔다.

② 아이 중 한 명에게 벽돌 하나를 골라 접착테이프로 벽에 붙이게 한다.

③ 다른 아이들에게도 벽돌을 하나씩 골라 먼저 붙인 벽돌 옆에 붙이라고 한다. 이 때 어절이 바로 연결되는 부분이 아니면 벽돌 사이에 공간을 두게 한다.

④ 벽돌을 순서에 맞게 붙여 마가복음 6장 34절을 완성하게 한다.

⑤ 완성한 암송 구절을 함께 큰 소리로 읽는다.

— 예수님은 말씀을 들으러 모인 사람들을 불쌍히 여기셨어요. 하지만 오늘 성경 이야기를 보면 모두가 바른 마음을 가지고 예수님을 찾아온 것은 아니라는 점을 알 수 있어요. **하나님은 교만한 자를 버리시고 겸손한 자에게 은혜를 베푸세요.** 우리는 잃어버린 양과 같은 겸손한 마음으로 예수님께 나아가야 해요. 그러면 예수님은 우리의 선한 목자가 되어 주세요.

보물 지도

세리 vs 바리새인

준비물 성경

① 성경에서 누가복음 18장 9~14절을 찾게 한다.

② 인도자가 오늘의 성경 이야기와 관련된 문장을 하나씩 읽는다.

③ 아이들에게 문장이 참이면 세리처럼 고개를 숙이고 가슴을 치고, 거짓이면 바리새인처럼 고개를 들고 자리에서 일어나라고 한다. 왜 그 문장이 거짓인지 물어본다.

1 예수님은 바리새인과 세리 이야기를 들려주셨어요. 참 (눅 18:9~10)

2 바리새인은 "하나님은 제가 못 생기지않아서 감사합니다"라고 기도했어요. 거짓, 남들과 같지 않아서 감사하다고 했다 (눅 18:11)

3 바리새인은 금식하고 십일조도 했어요. 참 (눅 18:12)

4 세리는 바리새인 바로 옆에 섰어요. 거짓, 멀리 떨어져 섰다 (눅 18:13)

5 세리는 자기가 한 일을 후회했어요. 참 (눅 18:13)

6 세리는 "하나님, 나를 불쌍히 여겨 주십시오! 나는 어린아이입니다!"라고 기도했어요. 거짓, 죄인이라고 말했다 (눅 18:13)

7 하나님은 세리의 기도를 기뻐하셨고, 그를 용서하셨어요. 참 (눅 18:14)

8 하나님은 겸손한 자를 버리시고, 교만한 자에게 은혜를 베푸세요. 거짓, 하나님은 교만한 자를 버리시고 겸손한 자에게 은혜를 베푸신다 (눅 18:14; 잠 3:34)

— 모두 잘했어요! 예수님이 우리 죄를 지고 십자가에서 죽으셨기 때문에 우리도 세리처럼 하나님께 부르짖으면 하나님은 우리를 용서해 주세요.

 ## 탐험하기

바리새인과 세리

준비물 학생용 교재 20쪽, 색연필(빨간색, 파란색)

말풍선 속의 내용을 보고 바리새인과 세리 중 그 말을 했을 것 같은 사람(바리새인 : 빨간색, 세리 : 파란색)과 같은 색으로 색칠해 보라고 한다.

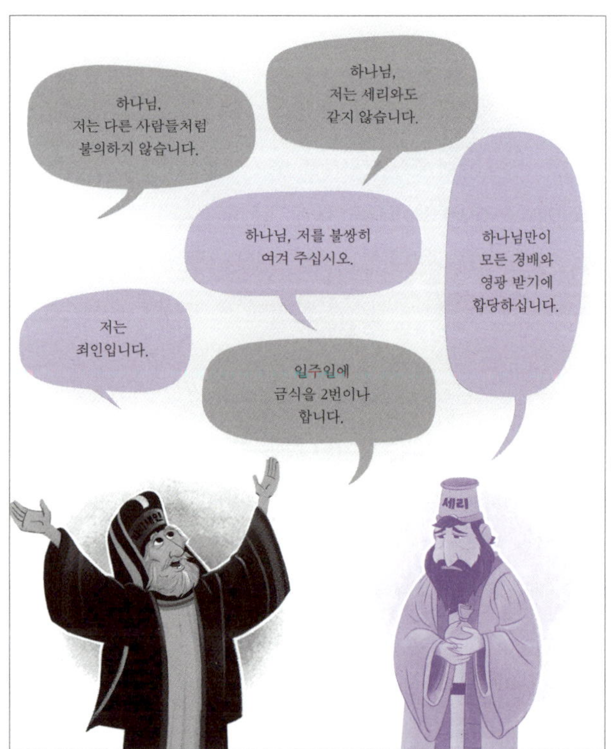

— 바리새인은 종교 지도자였어요. 율법을 지키며 하나님을 따른다고 생각했지요. 하지만 그는 교만했어요. 다른 사람들을 무시했고, 자신이 대단한 것처럼 우쭐대었지요. 그와 반대로 세리는 불쌍히 여겨 달라며 자신이 죄인이라고 고

백했어요. **하나님은 교만한 자를 버리시고 겸손한 자에게 은혜를 베푸세요.**

드러나는 겸손

 학생용 교재 21쪽, 성경, 연필, 색연필

① 글자 '은'과 '혜'가 적힌 칸을 색칠해 성경 이야기의 핵심 단어를 찾아 보라고 한다.

② 찾은 단어의 반대말이 무엇인지 물어본다.

하나님은 교만한 자를 버리시고
__겸 손__ 한 자에게 은혜를 베푸세요.

―― **하나님은 교만한 자를 버리시고 겸손한 자에게 은혜를 베푸세요.** 하나님은 진실한 마음으로 하나님을 사랑하고 겸손하게 하나님 앞에 나오는 사람을 사랑하세요. 예수님은 "무릇 자기를 높이는 자는 낮아지고 자기를 낮추는 자는 높아지리라"(눅 19:14)라고 말씀하셨어요.

몸으로 말해요! *

 종이, 가위, 펜, 종이봉투

① 종이를 길게 자르고, 종이에 다양한 직업을 각각 적어 봉투에 넣어 둔다.

　예) 요리사, 경호원, 소방관, 경찰관, 야구 선수, 의사, 집배원 등.

② 아이들에게 한 명씩 순서대로 나와 봉투 안의 종이를 하나씩 뽑아

종이에 적힌 직업을 말하지 않고 몸으로만 표현하게 한다.

③ 다른 아이들에게 어떤 직업인지 맞혀 보게 한다.

―― 놀이를 하면서 우리는 직업을 표현하기 위해 어떤 사람을 흉내 냈어요. 오늘 성경 이야기 속의 바리새인은 의로운 사람인 척했어요. 교만한 바리새인은 자기의 진짜 모습보다 더 나은 사람이라고 생각했지요. 한편 세리는 겸손했어요. 자신이 어떤 사람인지 잘 알았지요. 하나님의 용서가 필요한 죄인이라는 사실을 말이에요. **하나님은 교만한 자를 버리시고 겸손한 자에게 은혜를 베푸세요.**

 보물 상자

나만의 기록장

 학생용 교재 22쪽, 연필

① 교회에 다니거나 성경을 읽는다는 이유로 자신이 다른 사람보다 의롭다고 생각해 본 적이 있는지 물어본다.

② 하나님 앞에서 의로워질 수 있는 방법은 무엇이 있을지 적어 보라고 한다.

―― 성경은 모든 사람이 죄를 지었다고 말해요(롬 3:23 참조). 하나님은 거룩하시기 때문에 죄를 지으면 하나님에게서 멀어져요. 하나님이 우리에게 특별한 재능이나 능력을 주셨지만, 그런 재능이나 능력으로 의로워지거나 구원받을 수는 없어요. 우리를 죄에서 구하실 분은 오직 예수님뿐이에요.

메시지 카드

이번 주 메시지 카드로 부모님과 함께 오늘 배운 성경 이야기를 나누어 보라고 한다.

기도

하나님, 죄인인 우리에게 은혜를 베풀어 수서서 감사합니다. 우리는 예수님을 통해서만 하나님 앞에서 의로워질 수 있다는 것을 고백합니다. 우리 자신과 다른 사람을 대할 때 하나님께 영광을 돌리는 태도를 가질 수 있도록 도와주세요. 예수님의 이름으로 기도합니다. 아멘.

6 악한 농부 비유

마 21: 33~45

예수님은 예루살렘에 영광스럽게 입성하시고 이틀 뒤, 그러니까 성전을 깨끗하게 하신 다음 날에 다시 성전으로 가서 가르치셨습니다. 대제사장과 장로들이 "네가 무슨 권위로 이런 일을 하느냐 또 누가 이 권위를 주었느냐"라고 예수님께 물었습니다. 그들은 예수님이 메시아이며 하나님의 아들이시라는 사실을 인정하고 싶지 않았습니다. 그래서 예수님은 그들이 스스로 생각하게 하고 예수님이 누구신지 알려 주기 위해 비유를 들려주셨습니다.

악한 농부 비유에는 이스라엘의 역사가 담겨 있습니다. 아이들을 가르칠 때, 아이들이 비유와 이스라엘의 역사를 연관 지어 생각할 수 있도록 도와주십시오. 먼저, 포도원 주인은 성부 하나님입니다. 하나님은 아브라함의 자손인 이스라엘 백성을 통해 세상에 복을 주기로 하셨습니다. 포도원은 이스라엘입니다. 농부들은 이스라엘의 지도자들입니다. 하나님의 역사가 진행되는 동안 구약 시대에는 선지자들을 보내 하나님의 백성에게 말씀하셨습니다. 하지만 그들은 선지자들의 말을 듣지 않았습니다. 포도원의 농부들처럼 선지자들을 핍박했습니다. 결국 하나님은 아들이신 예수님을 보내셨습니다. 예수님은 농부들이 주인의 아들을 죽인 것처럼 자신도 죽일 것을 이미 알고 계셨습니다.

예수님은 무엇이 공평한지 지도자들 스스로 결론을 내리도록 유도하셨습니다. 주인이 농부들을 벌하고 자신을 존중하는 일꾼들을 새로 찾는 것이 낫다고 말입니다. 하나님은 공정하신 분입니다. 하나님은 예수님을 거절하는 사람들을 심판하실 것입니다. 그리고 나라마다 예수님을 믿는 사람들, 즉 예수님을 인정하며 믿는 사람들을 선택해 성도들의 공동체를 만들고 하나님 나라의 백성으로 삼으셔서 하나님의 의로운 다스림 아래 살게 하실 것입니다.

● ● 티칭 포인트

예수님을 만나는 사람은 예수님을 믿든지 혹은 거부하고 돌아서든지 둘 중 하나만 선택할 수 있습니다. 예수님을 만났는데 아무것도 달라지지 않는 것은 불가능합니다. 하나님이 여러분이 가르치는 아이들의 마음을 변화시켜 주셔서 하나님의 아들이신 예수님을 믿게 해 달라고 기도하십시오. 하나님은 사랑이 많고 공정한 주인이십니다. 그리고 지금도 모든 사람이 회개하기를 바라고 계십니다(벧후 3:9 참조).

주 제

하나님은 예수님을 영접하지 않는 사람들을 심판하실 거예요.

가스펠 링크

하나님은 아들이신 예수님을 이 땅에 보내셨지만 종교 지도자들은 예수님을 받아들이지 않았어요. 우리를 죄에서 구원하실 분은 오직 예수님뿐이에요.

악한 농부 비유 마 21: 33~45

어느 날 예수님이 성전에서 가르치고 계실 때, 종교 지도자인 대제사장들이 찾아와 누가 예수님에게 가르칠 권한을 주었는지 따졌어요. 그러자 예수님이 이 이야기를 들려주셨어요.

"어떤 사람이 포도원을 만들었다. 울타리를 두르고, 포도즙을 짜는 틀을 만들고, 망대도 세웠다. 포도원 주인은 농부 몇 명에게 대가를 받기로 하고 포도원을 빌려준 뒤 다른 나라로 떠났다.

열매를 거둘 때가 되자 주인은 약속한 대가를 받으려고 자기 종들을 보냈다. 그러나 농부들은 종을 붙잡아 한 명은 때리고 한 명은 죽였다. 나머지 한 명에게는 돌을 던졌다.

그래서 주인은 좀 더 많은 종을 포도원으로 보냈다. 하지만 이번에도 농부들은 종들을 공격했다.

마침내 주인은 자기 아들을 보냈다. 농부들이 자기 아들은 존중할 것이라 생각했다. 하지만 농부들은 아들을 포도원 밖으로 내쫓아 죽이고 말았다."

예수님이 물으셨어요. "포도원 주인이 돌아와 농부들을 어떻게 해야 하겠느냐?" 종교 지도자들은 "농부들을 죽이고, 자기를 주인으로 인정하는 다른 사람들에게 포도원을 맡겨야 할 것입니다"라고 대답했어요.

예수님이 말씀하셨어요. "너희는 성경에서 이런 말씀을 읽어 보지 못했느냐? '집 짓는 사람이 버린 돌이 집의 모퉁잇돌이 되었다. 이것은 하나님께서 하신 일이요, 우리 눈에는 놀라운 일이다.'"

예수님이 다시 말씀하셨어요. "내가 너희에게 말한다. 하나님께서는 너희에게서 하나님 나라를 빼앗아서, 그 나라의 열매를 맺는 백성에게 주실 것이다. 누구든지 이 돌 위에 떨어지는 사람은 산산조각이 날 것이며, 이 돌이 어느 사람 위에 떨어지든지 맞는 사람은 가루가 될 것이다."

종교 지도자들은 이 이야기가 자기들에게 하시는 말씀인 것을 알았어요.

● ● 가스펠 링크

예수님은 종교 지도자들에게 자신이 누구인지 가르쳐 주시려고 이 이야기를 들려주셨어요. 하나님은 아들이신 예수님을 이 땅에 보내셨지만 종교 지도자들은 예수님을 받아들이지 않았어요. 예수님은 모퉁잇돌이에요. 가장 중요한 분이지요. 우리를 죄에서 구원하실 분은 오직 예수님뿐이에요.

가스펠 준비
(10~20분)

 **환영**

도착하는 아이들을 반갑게 맞이하고 헌금, 출석, QT 등을 확인하며 격려한다. 새 친구가 있다면 소개한다. 편안한 분위기에서 안부를 물으며 오늘의 말씀과 관련된 화제로 이야기를 나눈다. 아이들에게 '정당하다'라는 말이 무슨 뜻인지 물어본다. 정당하지 않은 일을 겪은 적이 있는지 물어본다. 자발적으로 대화에 참여하도록 이끈다.

예) "'정당하다'라는 말의 뜻은 무엇인가요?", "정당하지 않은 일을 겪은 적이 있나요?" 등.

▬▬ '정당하다'라는 말은 '이치에 맞게 올바르고 마땅하다'라는 뜻이에요. 때때로 우리는 정당하지 못하다고 생각하는 일을 겪을 때가 있어요. 오늘 성경 이야기에서도 상식적으로 일어날 수 없는 일이 벌어졌어요. 돈을 주고 고용한 농부들이 농장 주인의 아들을 죽였다고 하는데, 도대체 무슨 일이 일어난 것일까요?

 **마음 열기**

아슬아슬 젠가 놀이 *

준비물 **젠가 2세트**

① 아이들을 2팀으로 나누고, 젠가 세트를 하나씩 나누어 준다.

② 젠가 3개를 나란히 놓은 다음, 다른 젠가 3개를 직각 방향으로 나란히 놓아 2층을 쌓게 한다. 같은 방식으로 젠가를 쌓아 탑을 만들게 한다.

③ 한 명씩 돌아가며 꼭대기가 아닌 층에서 젠가 블록을 하나씩 뺀 뒤, 뺀 블록을 탑 꼭대기에 올리라고 한다.

④ 자기 차례에 한 번씩만 손을 댈 수 있으며, 10초가 지나거나 다음 사람이 탑에 손을 대면 차례가 넘어간다고 말해 준다.

⑤ 탑이 무너지면 놀이가 끝난다.

▬▬ 어떤 젠가를 빼면 좋을지 어떻게 결정했나요? 이 젠가는 절대 빼면 안 된다고 결정한 기준은 무엇이었나요? 오늘 성경 이야기에서 예수님은 자신을 '모퉁잇돌'이라고 부르셨어요. 모퉁잇돌은 건물을 지을 때 아주 중요한 역할을 하는 돌이에요. 잠시 후에 더 자세히 알아보기로 해요.

싫어하는 이유 찾기 *

준비물 **종이, 연필, 화이트보드, 보드마커, 스톱워치**

① 아이들을 2팀으로 나누고, 각 팀에 종이와 연필을 하나씩 나누어 준다.

② 아이들에게 정말 좋아하는 것이 무엇인지 물어보고, 아이들의 대답 중 하나를 골라 화이트보드에 적는다.

③ 아이들에게 30초 동안 팀별로 화이트보드에 적힌 것을 싫어할 수 있는 이유를 가능한 한 많이 써 보라고 한다.

예) 초콜릿 아이스크림: 초콜릿을 싫어해서, 우유를 잘 소화하지 못해서, 찬 것을 잘 못 먹어서, 바닐라 맛을 더 좋아해서 등.

④ 시간이 되면 각 팀에서 작성한 내용을 함께 확인한다. 독특한 대답이 많이 나온 팀이 이긴다.

⑤ 정해진 시간 안에서 주제를 바꾸어 놀이를 계속한다. (장소, 활동, 물건 등)

▬▬ 오늘 성경 이야기는 예수님이 자신을 받아들이지 않는 사람들에 관해 들려주신 이야기예요. 사람들은 하나님의 아들이신 예수님을 어떤 이유로 거부하는 것일까요? 함께 알아보기로 해요.

교사를 위한 기록장 이 과를 준비하면서 깨닫게 된 묵상을 정리해 보세요.

· 하나님이나 나에 대해 새롭게 알게 된 것은?

· 기억하고 싶은 하나님의 약속은?

· 아이들에게 전하고 싶은 메시지는?

가스펠 **설교**
(15~30분)

들어가기

준비물 등산화, 등산용 배낭, 성경

등산화를 신고, 등산용 배낭을 메고 들어온다. 성경을 들고 있다.

안녕하세요! 우리 캠프장을 다시 방문해 주어서 고마워요. 여러분, 한곳으로 모여 보세요. 아아, 소리가 잘 들리나요? 좋아요. 여러분에게 지난 몇 주간 저와 함께해 주어서 고맙다는 인사를 하고 싶었어요. 대자연과 함께하는 일만큼 신나는 일은 아마 없을 거예요. 하지만 아무리 멋진 일이라도 끝이 있기 마련이지요. 오늘이 지나면 저는 짐을 싸서 집으로 돌아갈 생각이에요. 여러분과 함께 하나님의 말씀을 배우는 동안 정말 행복했어요. 성경을 높이 든다. 마지막 비유를 들려드릴 생각을 하니 벌써 마음이 두근거려요.

연대표

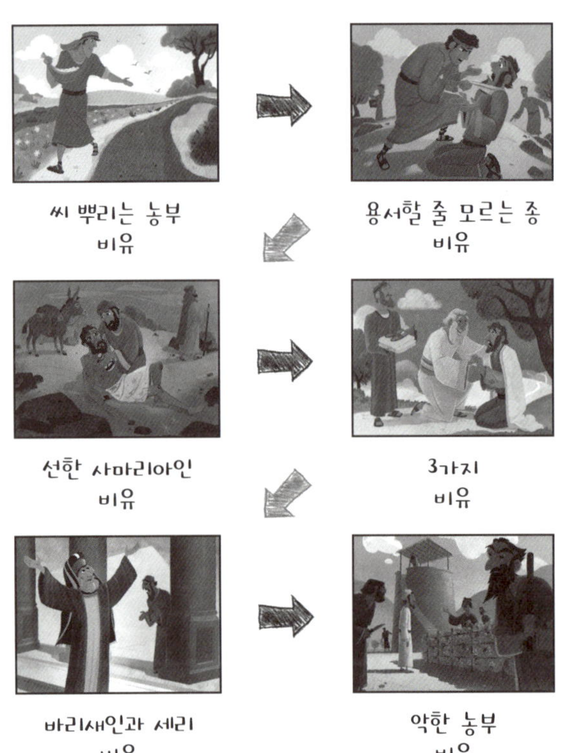

씨 뿌리는 농부
비유

용서할 줄 모르는 종
비유

선한 사마리아인
비유

3가지
비유

바리새인과 세리
비유

악한 농부
비유

그동안 배운 비유들을 복습해 볼까요? 연대표에서 지난 성경 이야기들을 가리킨다. 예수님은 복음을 들은 사람들의 다양한 반응을 비유로 들려주셨어요. 예수님은 **복음을 듣는 사람 모두가 복음을 믿는 것은 아니**라고 가르쳐 주셨어요. 다음 연대표를 가리킨다.

그다음 비유에서는 **우리가 다른 사람을 불쌍히 여기도록 하나님이 우리에게 긍휼을 베풀어 주셨다**는 것을 가르쳐 주셨어요. "선한 사마리아인 비유"에서는 **예수님이 우리를 사랑하시듯이 우리도 다른 사람을 사랑해야 한다**는 것을 배웠고요. "3가지 비유"에서는 **예수님은 잃어버린 자들을 찾으시고 구원하신다**는 것을 배웠어요. 그렇다면 예수님이 바리새인과 세리 비유를 들려주신 이유는 무엇이었을까요? (**하나님은 교만한 자를 버리시고 겸손한 자에게 은혜를 베푸신다**는 것을 가르쳐 주시려고) 연대표에서 오늘의 성경 이야기를 가리킨다. 오늘 성경 이야기의 제목은 "악한 농부 비유"예요. 이 이야기는 신약성경의 마태복음에 나와요. 예수님은 지금 농사를 짓는 농부들 이야기를 하고 계시지만, 다른 비유에서도 그랬듯이 이 이야기에는 농부 이야기 이상의 것이 담겨 있어요. 과연 예수님이 악한 농부 비유를 들려주신 이유가 무엇인지 이제부터 알아보기로 해요.

성경의 초점

하나님의 계획은 언제나 하나였어요. 하나님의 아들 예수님을 보내 사람들을 죄에서 구원하시는 것이지요. 하나님의 아들 예수님은 이 땅에 아기의 모습으로 오셨어요. 어른이 된 후에는 여러 곳을 다니시며 사람들에게 하나님과 하나님 나라에 대해 가르치셨어요. 기억하지요? 예수님이 때때로 비유를 통해 가르치셨다는 것 말이에요. '성경의 초점'을 복습해 볼까요? **예수님은 왜 비유로 말씀하셨나요?** 예수님은 하나님과 하나님 나라에 대해 가르치기 위해 비유로 말씀하셨어요.

성경 이야기

마태복음 21장을 펴고, 설교 영상(지도자용 팩)을 보여 주거나 이야기 성경을 들려준다. 간단한 그림을 그리며 이야기한다. (예 : 포도원이 나올 때는 큰 직사각형을, 종들이 나올 때는 막대기 사람을, 포도가 나올 때는 동그라미를, 주인의 아들이 나올 때는 왕관을 쓴 막대기 사람을 그린다) 농부들이 종들을 죽이거나 때릴 때마다 해당하는 막대기 사람 위에 ✕자를 그려 표시한다. 예수님은 자기 포도원을 농부들에게 빌려준 한 포도원 주인의 이야기를 들려주셨어요. 이제 우리는 알아요. 예수님이 진짜 하시고 싶었던 이야기는 제멋대로 구는 농부들에 대한 것이 아니었다는 것을요.

예수님은 성전에서 만난 종교 지도자들에게 이 이야기를 들려주셨어요. 그들은 예수님에게 무슨 권한으로 사람들을 가르치냐고 따졌지요. 그들은 예수님이 그리스도이자 하나님의 아들이라는 사실을 믿고 싶지 않았어요. 그래서 예수님은 이 비유로 예수님이 어떤 분이신지 가르쳐 주신 거예요. 이 비유는 이스라엘 백성에 관한 이야기예요. 포도원 주인은 하나님이에요. 하나님은 아브라함의 자손인 이스라엘 백성을 통해 세상에 복을 주겠다고 하셨어요. 포도원은 이스라엘이고, 농부들은 이스라엘의 지도자들이에요. 하나님은 선지자들을 보내 백성에게 계속 말씀하셨지만, 사람들은 듣지 않았어요. 오히려 선지자들을 핍박했어요. 그래서 하나님은 하나님의 아들을 보내셨어요. 사람들이 하나님의 아들은 존중하기를 바라셨지요. 하지만 백성은 하나님의 아들도 받아들이지 않았어요.

 가스펠 링크

예수님은 종교 지도자들에게 **하나님이 예수님을 영접하지 않는 사람들을 심판하실 것**이라고 가르치셨어요. 하나님은 당연히 그렇게 하실 수 있어요. 하나님이 하나님의 아들 예수님을 이 땅에 보내셨지만 종교 지도자들은 예수님을 받아들이지 않았어요. 예수님은 모퉁잇돌이에요. 가장 중요한 분이지요. 우리를 죄에서 구원하실 분은 오직 예수님뿐이에요. 그러니 예수님을 받아들이지 않는 것은 아주 큰 실수예요. 예수님은 농부들이 주인의 아들을 죽인 것처럼 지도자들이 자신을 죽일 것을 아셨어요. 예수님은 십자가에서 죽으시고 죽은 자들 가운데서 다시 살아나심으로 온 세상의 구원자가 되셨어요.

복음 초청

성경과 71쪽 복음 초청 가이드를 이용해서 아이들에게 그리스도인이 되는 법을 설명해 준다. 따로 상담해 줄 사람을 정해 주고 궁금한 점이 있으면 물어보도록 격려한다.

이 시간 예수님을 마음에 모시고 싶은 친구는 함께 기도해요.

 기도

하나님, 악한 농부 비유를 통해 **하나님은 예수님을 영접하지 않는 사람들을 심판하신다**는 것을 배웠습니다. 종교 지도자들의 잘못된 가르침과 하나님의 말씀을 구별하지 못하는 이스라엘 백성의 모습을 통해 지금 우리에게도 그런 모습이 있지 않은지 돌아봅니다. 우리의 구원자 되신 예수님을 거절하는 것이 아니라 믿을 수 있도록 인도해 주세요. 예수님의 이름으로 기도합니다. 아멘.

 적용

TIP 설교 도입이나 적용으로 활용하거나 영상을 본 뒤 소그룹으로 나누어 풍성한 대화를 이어 갈 수 있습니다.

종교 지도자들은 너무 어리석어서 예수님을 받아들이지 않았어요. 예수님은 그들에게 비유를 통해 **하나님은 예수님을 영접하지 않는 사람들을 심판하실 것**이라고 가르치셨어요. 구원자가 필요한 사람들이 메시아를 거부하는 것은 말이 안 되지요! 다음 영상을 함께 보기로 해요.

적용 예화 영상(지도자용 팩)을 보여 준 후, 다음의 질문으로 이야기를 나눈다.

1 도움이 필요한 사람이 도움을 줄 수 있는 사람을 왜 거부할까요?

2 사람들은 왜 예수님을 받아들이지 않을까요?

3 예수님 없이 하나님께 다가가려고 노력하는 사람들이 있어요. 그들은 어떤 노력을 할까요?

4 우리는 어떤 때 자신의 노력으로 하나님께 다가가려고 하나요?

예수님은 하나님의 아들이세요. 예수님은 세상을 구원하기 위해 이 땅에 오셨어요. 우리는 구원자가 필요한 죄인들이에요. 예수님을 받아들일 수도 있고 거부할 수도 있어요. 하나님이 예수님을 받아들이지 않는 사람들을 심판하시는 것은 공평해요. 우리는 예수님을 믿을 뿐 아니라, 다른 사람들이 예수님을 믿을 수 있도록 예수님을 전해야 해요.

 나침반

말씀을 완성하자!

준비물 1단원 암송(132쪽), 종이, 연필

① 아이들을 둥글게 앉히고 연필을 나누어 준다.

② 한 아이에게 종이를 주고, 마가복음 6장 34절의 첫 어절을 큰 소리로 말한 뒤 종이에 쓰게 한다.

③ 그런 다음 종이를 오른쪽에 앉은 아이에게 주라고 한다.

④ 종이를 받은 아이는 종이에 적힌 어절을 읽은 뒤 다음 어절을 말하고 종이에 쓰라고 한다.

⑤ 같은 방식으로 종이를 옆 사람에게 돌리며 암송 구절을 완성하게 한다.

 보물 지도

정답일까? 오답일까?

준비물 의자

① 술래를 한 명 뽑아 의자에 앉힌다.

② 인도자가 아래의 질문을 하면 답을 아는 아이는 손을 들라고 한다.

③ 술래에게 답을 말할 아이를 지목하고, 답이 맞는지 틀리는지 말하라고 한다.

④ 답을 말한 아이가 정답을 말하고 술래도 정답이라고 말하면, 술래에게 1점을 준다. 정답이 아닌 경우에는 나머지 아이들에게 1점을 준다.

⑤ 답을 말한 아이가 틀린 답을 말하고 술래도 틀린 답이라고 말하면, 술래에게 1점을 준다. 정답이면 나머지 아이들에게 1점을 준다.

1 악한 농부 비유는 성경의 어느 부분에 있나요?

신약성경 마태복음

2 예수님은 누구에게 이 비유를 들려주셨나요?

성전에서 만난 종교 지도자들 (마 21:23)

3 포도원 주인이 포도원에 만든 것 3가지는 무엇인가요?

울타리, 즙 짜는 틀, 망대 (마 21:33)

4 포도원에서 키우는 작물은 무엇인가요? 포도 (마 21:34)

5 농부들은 주인의 종들에게 어떻게 했나요?

하나는 심히 때리고 하나는 돌로 쳤다 (마 21:35~36)

6 주인은 농부들이 자기 아들을 어떻게 대할 것이라 생각했나요?

자기 아들은 존중할 것이라 생각했다 (마 21:37)

7 농부들은 주인의 아들에게 어떻게 했나요?

포도원 밖에 내쫓아 죽였다 (마 21:39)

8 종교 지도자들은 주인이 농부들을 어떻게 해야 한다고 생각했나요? 그들을 진멸하고 다른 농부에게 포도원을 주어야 한다고 생각했다 (마 21:41)

9 예수님은 왜 비유로 말씀하셨나요?

사람들에게 하나님과 하나님 나라를 가르치기 위해서였어요.

━━ 모두 잘했어요! 예수님은 종교 지도자들에게 예수님이 어떤 분인지 가르치려고 악한 농부 비유를 들려주셨어요. 지도자들은 예수님도 받아들이지 않았어요. **하나님은 예수님을 영접하지 않는 사람들을 심판하실 거예요.**

 탐험하기

무슨 뜻이 숨어 있을까?

준비물 학생용 교재 24쪽, 연필, 성경

① 그림을 보고 문장을 완성해 악한 농부 비유에 담긴 의미를 확인하게 한다.

② 마태복음 21장 33~46절을 참고하게 한다.

악한 농부 비유는 이스라엘 백성에 관한 이야기예요.

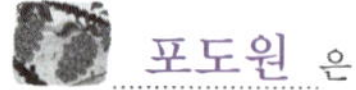 포도원 은 이스라엘 백성이고,

 포도원 농부 는 종교 지도자들이에요.

 아들 은 예수님이시지요.

 포도원 주인 인 하나님은 선지자들을 보내

 이스라엘 백성 에게

계속 경고하셨지만, 사람들은 듣지 않았어요.

오히려 선지자들을 핍박했어요.

 그래서 하나님은 아들이신  예수님 을 보내셨어요.

하지만  이스라엘 백성 은 하나님의 아들도

받아들이지 않았어요.

━━ 악한 농부 비유는 이스라엘의 모습을 보여 주어요. 하나님이 선지자들을 보내시고 아들을 보내셨지만 도무지 깨

닫지 못하는 이스라엘 백성의 모습을 볼 수 있어요. **하나님은 예수님을 영접하지 않는 사람들을 심판하실 거예요.**

그 결과는?

 학생용 교재 25쪽, 연필 또는 색연필

초록색, 빨강색 칸을 덧칠해 찾은 단어를 빈칸에 넣어 오늘 성경 이야기의 주제 문장을 완성하게 한다.

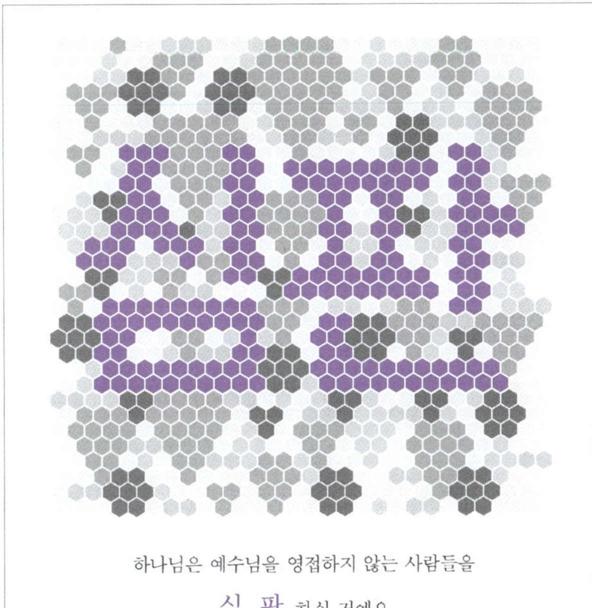

하나님은 예수님을 영접하지 않는 사람들을

 <u>심 판</u> 하실 거예요.

───── 숨은 단어를 찾아 문장을 완성했나요? 완성한 문장을 함께 큰 목소리로 읽어 보아요. **하나님은 예수님을 영접하지 않는 사람들을 심판하실 거예요.** 악한 농부들은 주인이 보낸 종들을 무시하고 심지어 주인의 아들까지 죽였어요. 이는 이스라엘 백성의 모습을 보여 주어요. 하나님이 선지자들을 보내고 하나뿐인 아들을 보냈을 때 거부했던 모습을요. 우리는 하나님이 예수님을 영접하지 않는 사람들을 심판하신다는 사실을 알고 있어요. 이 사실을 알고도 가만히 있다면, 예수님을 모르는 사람들이 심판과 죽음의 길을 가도록 내버려 두는 것과 같아요. 예수님을 모르는 사람들에게 복음을 전하는 우리가 되기를 바라요.

모퉁잇돌이 뭐지? *

 종이 블록 또는 재활용 상자

① 아이들에게 종이 블록을 여러 개 주고, 모퉁이가 생기도록 벽 2개

를 쌓아 보라고 한다.

② 모퉁이 맨 아래에 있는 상자를 가리키며 이 부분을 '모퉁잇돌'(주춧돌)이라고 부른다고 알려 준다.

③ 모퉁잇돌은 기둥 밑에 기초로 받쳐 놓은 돌이어서 이것을 빼면 기둥이 무너진다는 것을 보여 준다.

④ 모퉁잇돌이 되는 상자를 발로 밟아 찌그러뜨린 후, 찌그러진 벽돌을 모퉁잇돌로 삼아 다시 벽을 쌓아 보라고 한다.

⑤ 튼튼한 모퉁잇돌이 없으면 벽이 기운다는 점을 강조한다.

───── 예수님은 자신이 모퉁잇돌이라고 하셨어요. 건물의 모퉁잇돌처럼 예수님도 가장 중요한 분이에요. 예수님을 받아들이지 않는 것은 큰 실수이지요! **하나님은 예수님을 영접하지 않는 사람을 심판하실 거예요.**

💎 보물 상자

나만의 기록장

 학생용 교재 26쪽, 연필

① 아이들에게 예수님을 믿기를 주저하고 있는지, 그렇다면 그 이유는 무엇인지 물어본다.

② 예수님의 어떤 모습이 예수님을 의지하거나 거부하게 만드는지 써 보게 한다.

───── 예수님은 하나님의 아들로서의 권위가 있어요. 우리의 존경과 예배를 받으시기 마땅한 분이지요. **하나님은 예수님을 영접하지 않는 사람들을 심판하실 거예요.** 하지만 예수님을 믿는 사람들은 하나님의 자녀로 받아 주실 거예요.

메시지 카드

이번 주 메시지 카드로 부모님과 함께 오늘 배운 성경 이야기를 나누어 보라고 한다.

기도

사랑하는 하나님, 악한 농부 비유를 통해 하나님의 마음을 알게 해 주셔서 감사합니다. 예수님을 알지 못하는 친구들에게 예수님의 사랑을 전할 수 있도록 용기를 주세요. 예수님만이 유일한 하나님의 아들이시며 구원자이심을 믿습니다. 예수님의 이름으로 기도합니다. 아멘.

2단원 기적을 행하신 예수님

예수님은 기적을 통해 하나님을 영화롭게 하시고 예수님이 그리스도(메시아)시며, 하나님의 아들이심을 증거하셨습니다. 기적은 사람들의 믿음을 강하게 만들었고 필요를 채워 주었습니다. 하나님은 예수님을 통해 우리 힘으로는 도저히 얻을 수 없는 용서와 구원, 그리고 영원한 생명을 주셨습니다.

예수님이
물로 포도주를
만드셨어요

예수님이
하늘의 떡을
주셨어요

예수님이
물 위를
걸으셨어요

카운트다운 – 운동 경기

카운트다운 영상(지도자용 팩)을 틀고 예배 준비 자세를 취하도록 격려한다. 예배가 시작되는 시간에 영상이 끝나도록 맞추어 놓는다. 영상이 끝나기 30초 전에 예배 인도자는 정해진 위치에 서서 조용히 기도하는 모범을 보인다.

무대 배경 – 장애물 코스

'출발'이라고 적힌 현수막을 달고 극한 장애물 달리기의 출발 지점처럼 꾸민다. 실내 암벽 등반장처럼 보이도록 스티로폼으로 울퉁불퉁한 회색 벽을 만들고 맨 위에 밧줄을 달아 놓는다. 주황색 콘을 무대 앞에 세워 둔다. 화면에 '장애물 코스' 배경 이미지(지도자용 팩)를 띄운다.

7

예수님이 물로 포도주를 만드셨어요

요 2:1~12

예수님의 사역이 시작되었습니다. 예수님은 제자들을 부르시고 갈릴리 지역을 다니셨습니다. 예수님은 이 땅에서의 시간을 가르치고 기적을 행하시고 자신의 궁극적이 사명을 준비하는 데 사용하셨습니다. 예수님의 궁극적인 사명은 죄인들을 구하기 위해 십자가에서 죽는 것이었습니다. 예수님이 보이신 기적은 "예수님이 누구신가"와 "예수님이 이 땅에 왜 오셨는가"라는 근본적인 질문들을 가리키는 표지판과 같았습니다.

요한복음 2장은 가나의 결혼식에서 일어난 예수님의 첫 번째 기적을 기록하고 있습니다. 예수님의 어머니가 예수님께 포도주가 동이 났다고 말했습니다. 당시 이스라엘 문화에서 포도주가 바닥나는 것은 큰일이었습니다. 결혼식은 중요한 행사였고, 일주일 동안 계속되기도 했습니다. 그런 상황에서 포도주가 떨어졌다는 것은 사회적 재앙과 다름없었습니다. 하지만 예수님은 놀랍게도 이렇게 반응하셨습니다. "여자여 나와 무슨 상관이 있나이까 내 때가 아직 이르지 아니하였나이다"(요 2:4).

예수님의 대답을 이해하려면 예수님이 행하신 기적들은 그 자체가 목적이 아니라는 사실을 기억해야 합니다. 기적은 표지판과 같습니다. 더 위대한 무언가를 가리키고 있는 것입니다. 포도주가 동이 나자 예수님은 물로 포도주를 만들어 자신이 메시아, 곧 하나님의 아들이심을 보여 주셨습니다. 예수님은 우리에게 포도주보다 훨씬 더 좋은 것을 주십니다. 바로 예수님 자신입니다. 예수님은 참포도나무이십니다. 잔칫날은 아직 예수님의 때가 아니었습니다. 예수님은 앞으로 일어날 일을 알고 계셨습니다. 우리 죄를 대신 지고 십자가에서 피 흘려 죽으심으로 자신을 우리에게 주실 것을 말입니다.

예수님의 기적을 목격한 제자들의 반응은 경외와 놀라움 그 이상이었습니다. 그들은 기적을 통해 하나님의 영광을 나타내신 예수님을 믿게 되었습니다. 예수님은 하나님 아버지의 뜻에 따라 움직이셨습니다. 하나님의 뜻은 단지 포도주가 모자라는 문제를 해결하는 것이 아니라, 우리가 직면한 가장 심오한 문제인 죄의 문제를 해결하는 것이었습니다.

●● 티칭 포인트

아이들을 가르칠 때, 예수님의 기적에만 초점을 맞추지 말고 예수님이 어떤 분이신지를 볼 수 있도록 도와주십시오. 예수님은 기적을 통해 자신이 그리스도이시며 하나님의 아들이심을 사람들에게 보이셨습니다. 예수님은 죽음과 부활을 통해 우리에게 가장 필요한 것을 주셨습니다. 바로 용서와 영원한 생명입니다.

주 제

예수님의 첫 번째 기적은 물로 포도주를 만드신 일이에요.

가스펠 링크

예수님은 자신이 하나님의 아들 그리스도이심을 사람들이 믿을 수 있도록 기적을 행하셨어요.

예수님이 물로 포도주를 만드셨어요 요 2:1~12

어느 날 예수님의 어머니 마리아가 가나의 결혼식에 초대를 받았어요. 예수님과 제자들도 마리아와 함께 결혼식에 갔어요. 결혼식 중에 포도주가 떨어지자 마리아가 예수님께 말했어요. "포도주가 다 떨어졌다는구나."

예수님은 "그것이 저와 무슨 상관이 있습니까? 아직 저의 때가 아닙니다"라고 말씀하셨어요. 예수님의 말씀은 아직 예수님이 영광을 받으시거나 예배와 찬양을 받으실 때가 아니라는 뜻이었어요. 하지만 예수님은 무엇이 최선인지 아시는 분이었어요. 그래서 마리아는 하인들에게 "무엇을 시키시든지 그대로 하여라"라고 말했어요.

잔칫집에는 돌로 만든 물 항아리가 6개 있었어요. 이 항아리는 유대인들이 정결 예식에 사용하는 것으로, 물 2~3동이를 담을 수 있는 크기였어요. 예수님은 하인들에게 항아리에 물을 채우라고 말씀하셨어요. 하인들은 항아리에 물을 가득 채웠어요. 그러자 예수님이 "이제 물을 떠서 결혼식 책임자에게 갖다 주어라"라고 말씀하셨어요.

하인들은 말씀대로 했어요. 결혼식 책임자는 물로 만든 포도주를 맛보았어요. 그 사람은 포도주가 어디서 났는지 몰랐지만, 하인들은 알았지요. 그가 신랑을 불러 말했어요. "사람들은 항상 처음에 좋은 포도주를 내놓았다가 손님들이 취한 다음에는 값싼 포도주를 내놓는데, 당신은 가장 좋은 것을 마지막까지 남겨 두었군요!"

이것이 예수님이 행하신 첫 번째 기적이에요. 갈릴리 가나에서 일어난 이 기적은 예수님의 영광을 나타냈어요. 제자들은 이 일을 통해 예수님을 믿게 되었지요.

이 일이 있고 난 뒤 예수님은 어머니와 동생들, 그리고 제자들과 함께 가버나움으로 가서 며칠 동안 머무르셨어요.

● ● 가스펠 링크

예수님은 자신이 하나님의 아들 그리스도(메시아)이심을 사람들이 믿을 수 있도록 기적을 행하셨어요. 예수님은 모든 것을 다스리세요. 예수님을 믿는 사람은 영원한 생명을 얻을 거예요.

가스펠 준비
(10~20분)

 ## 환영

도착하는 아이들을 반갑게 맞이하고 헌금, 출석, QT 등을 확인하며 격려한다. 새 친구가 있다면 소개한다. 편안한 분위기에서 안부를 물으며 오늘의 말씀과 관련된 화제로 이야기를 나눈다. 아이들에게 기적 같은 일을 보거나 경험한 적이 있었는지 물어본다. 자발적으로 대화에 참여하도록 이끈다.

예) "믿기 어려울 만큼 놀라운 일을 본 적이 있나요?", "어떤 것이었나요?", "그런 일은 일생에 몇 번이나 일어날까요?" 등.

—— 믿기 어려울 만큼 놀라운 일이 일어난 영상을 인터넷에서 찾을 수 있어요. 또는 '어떻게 저런 일이 일어날 수 있을까?', '저건 정말 기적이야'라고 할 만한 일을 직접 경험하기도 해요. 오늘 성경 이야기에서 예수님이 하신 일은 우리가 상상하지도 못한 일이었어요. 정말 말도 안 되는 일이 눈앞에서 펼쳐졌는데, 과연 어떤 일일까요?

 ## 마음 열기

표지판 만들기 *

`준비물` **두꺼운 종이, 사인펜, 스티커**

① 아이들에게 준비물을 나누어 주고, 표지판을 만들어 보라고 한다.

② 침실이나 예배실 문에 걸 표지판도 좋고, 목적지나 행사를 알리는 광고 표지판을 만들어도 좋다고 말해 준다.

③ 얼마간 시간을 준 뒤 각자의 표지판을 소개하는 시간을 가진다.

④ 표지판을 보며 다음의 질문을 한다.

　1. 표지판에 무엇이라고 쓰여 있나요?

　2. 무엇을 가리키는 표지판인가요? 장소인가요? 행사인가요?

　3. 무엇이 더 중요한가요? 표지판인가요? 표지판이 가리키는 것인가요?

—— 오늘 들을 성경 이야기는 예수님이 행하신 여러 기적 중 하나에 관한 것이에요. 이 기적은 예수님이 이 땅에서 행하신 첫 번째 기적이에요. 기적이란 하나님이 하시는 특별한 일을 말해요. 예수님의 기적은 더 큰 무언가를 가리키는 표지판과 같아요.

물컵 릴레이 *

`준비물` **플라스틱 컵**(인원수대로)**, 양동이 2개, 물**

① 아이들을 2팀으로 나누고, 팀별로 줄을 세운다.

② 아이들에게 컵을 하나씩 나누어 주고, 각 팀 앞에는 물이 들어 있는 양동이를, 뒤에는 빈 양동이를 둔다.

③ 인도자가 "출발!"이라고 외치면, 맨 앞에 있는 아이가 양동이에서 물을 한 컵 떠서 다음 사람의 컵에 부어 주라고 한다.

④ 순서대로 컵에서 컵으로 물을 옮기고, 맨 뒤에 있는 아이에게 물을 빈 양동이에 부으라고 한다. 앞에 선 아이에게 컵을 비우자마자 바로 다시 물을 떠서 다음 사람에게 전달하라고 말해 준다.

⑤ 앞에 있는 양동이의 물을 뒤에 있는 양동이로 먼저 옮기는 팀이 이긴다.

—— 대단해요! 오늘 성경 이야기에서 예수님은 하인들에게 돌 항아리 6개에 물을 가득 채우라고 말씀하셨어요. 항아리는 물 2~3동이를 담을 정도로 컸다고 해요. 과연 예수님은 그 물로 무슨 일을 하셨을까요? 성경 이야기를 들으면서 함께 알아보기로 해요.

교사를 위한 기록장 이 과를 준비하면서 깨닫게 된 묵상을 정리해 보세요.

· 하나님이나 나에 대해 새롭게 알게 된 것은?

· 기억하고 싶은 하나님의 약속은?

· 아이들에게 전하고 싶은 메시지는?

가스펠 설교
(15~30분)

 들어가기

 운동복, 손목 밴드, 헤드 밴드, 큰 통, 성경

운동복을 입고, 손목 밴드와 헤드 밴드를 착용하고 들어온다. 간단한 스트레칭을 한 후, 큰 통을 들어올리려다 실패하는 시늉을 한다.
어휴! 이 큰 통을 들어올리려면 이두박근 운동을 좀 더 해야겠어요. 혹시 여러분이 모를까 봐 하는 말인데, 저는 어떤 대회를 준비하고 있어요. '극한 장애물 달리기'라고 하는 아주 독특한 대회지요. 소문에 의하면 큰 물통을 옮기는 종목도 있대요. 제가 그것을 잘할 수 있을지 모르겠네요. 성경을 높이 들어 올린다. 성경은 이렇게 잘 들 수 있는데 말이에요. 여러분 모두 하나님의 말씀을 공부하며 하나님을 더 많이 알고 싶어서 여기 모였지요? 그럼 이제 성경 이야기를 시작해 볼까요?

연대표

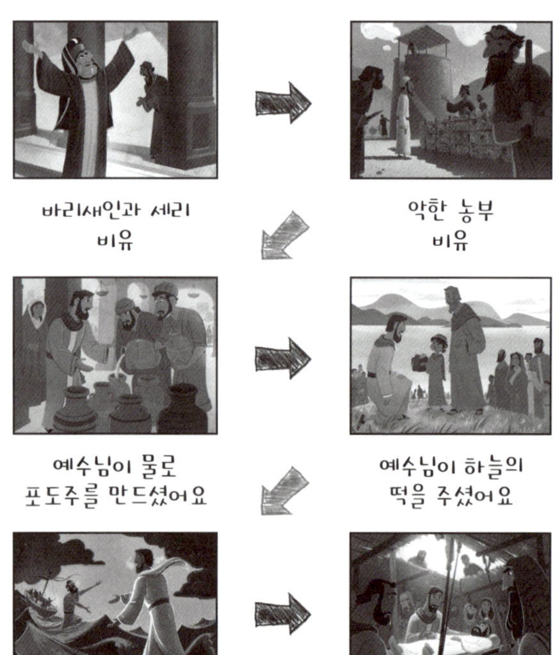

바리새인과 세리 비유

악한 농부 비유

예수님이 물로 포도주를 만드셨어요

예수님이 하늘의 떡을 주셨어요

예수님이 물 위를 걸으셨어요

예수님이 중풍 병자를 고치셨어요

그동안 예수님이 이 땅에서 사람들에게 가르치신 것들을 배웠어요. **예수님은 하나님과 하나님 나라에 대해 가르치기 위해 비유로 말씀하셨어요.** 기적이란 오직 하나님만 하실 수 있는 특별한 일을 말해요. 연대표에서 오늘의 성경 이야기를 가리킨

다. 오늘 성경 이야기의 제목은 "예수님이 물로 포도주를 만드셨어요"예요. 예수님의 첫 번째 기적에 관한 이 이야기는 신약성경의 요한복음에 나와요.

성경의 초점

성경 이야기를 시작하기 전에 성경의 큰 그림을 먼저 살펴보기로 해요. 예수님이 이 땅에 오신 것은 사람들을 죄에서 구하려는 하나님의 계획 때문이었어요. 죄는 사람과 하나님 사이를 갈라놓아요. 그리고 죄의 벌은 죽음이지요. 하나님은 구원자를 보내기로 약속하셨고, 하나님의 아들 예수님을 보내심으로 그 약속을 지키셨어요.

예수님은 다윗의 자손으로 태어나셨어요. 어른이 된 예수님은 세례를 받으신 후 사역을 시작하셨지요. 예수님은 사람들에게 하나님과 하나님의 나라에 대해 가르치셨어요. 여러 가지 기적도 행하셨고요.

다음 몇 주간 우리는 예수님이 행하신 기적들을 배우면서 새로운 '성경의 초점' 질문에 대한 답을 찾을 거예요. 2단원의 '성경의 초점' 질문은 **"예수님은 왜 기적을 행하셨나요?"**랍니다. 성경 이야기를 잘 들으며 이 질문에 대한 답을 잘 찾아 보세요.

성경 이야기

요한복음 2장을 펴고, 설교 영상(지도자용 팩)을 보여 주거나 이야기 성경을 들려준다. 경쾌한 동아시아 음악이나 많은 사람이 파티를 여는 소리, 사람들이 웅성거리는 소리 등을 틀어 마치 가나의 결혼식에 있는 듯한 느낌을 연출한다.

오늘 성경 이야기는 예수님이 행하신 첫 번째 기적에 관한 것이에요. **예수님의 첫 번째 기적은 물로 포도주를 만드신 일이에요.** 정말 굉장하지요? 그 당시 결혼식에서는 포도주는 없어서는 안 될 음식 중 하나였어요. 결혼식에 포도주가 떨어진다는 것은 상상도 할 수 없는 일이었지요.

예수님의 어머니 마리아는 가나라는 동네에서 열리는 결혼식에 초대를 받았어요. 예수님과 제자들도 함께 갔어요. 그런데 결혼식에 포도주가 떨어지고 말았어요! 이것을 본 마

리아는 예수님께 이 일을 알렸어요. 예수님이 도와주실 것이라 생각했지요.

하지만 예수님의 대답은 예상 밖이었어요. "그것이 저와 무슨 상관이 있습니까? 아직 제 때가 아닙니다"라고 말씀하셨지요. 그때는 예수님이 사역을 시작한 지 얼마 되지 않았기 때문에 예수님이 그리스도라는 사실을 아는 사람이 거의 없었어요. 예수님은 아직 자신이 사람들에게 찬양을 받을 때가 아니라고 말씀하신 거예요.

하지만 예수님은 무엇이 최선인지 아는 분이셨어요. 그래서 마리아는 하인들에게 예수님의 말씀에 순종하라고 말했어요. 예수님은 하인들에게 돌 항아리 6개에 물을 가득 채우라고 하셨어요. 하인들이 항아리를 모두 채우자, 이제 물을 떠서 결혼식 책임자에게 가져가라고 말씀하셨지요. 하인들은 항아리에서 물을 떠 결혼식 책임자에게 가져다주었어요. 그런데 말도 안 되는 일이 일어났어요. 물이 포도주로 변한 거예요! 그것도 최고로 좋은 포도주로요. 심지어 결혼식 초반에 내놓은 포도주보다 훨씬 좋은 포도주였지요.

가스펠 링크

물로 포도주를 만드신 일은 예수님이 행하신 수많은 기적 중 맨 처음 행하신 기적이에요. **예수님은 왜 기적을 행하셨나요? 예수님은 기적을 통해 하나님을 영화롭게 하시고 예수님이 하나님의 아들이심을 증거하셨어요.**

예수님이 물로 포도주를 만드신 일을 본 제자들은 예수님을 믿게 되었어요. 우리도 성경에 나오는 기적들에 관해 읽고 예수님이 모든 것을 다스리는 능력을 가진 분이라는 사실을 믿게 되지요. 예수님을 믿는 사람은 영원한 생명을 얻을 거예요.

 복음 초청

이 시간 예수님을 마음에 모시고 싶은 친구는 함께 기도해요.

 기도

하나님, 예수님이 베푸신 기적을 통해 예수님이 하나님의 아들이심을 우리에게 보여 주셔서 감사합니다. 예수님이 하나님이 약속하신 메시아인 것을 믿습니다. 한편으로는 이 기적을 믿기 어려운 마음이 들 때도 있지만, 이를 행하신 예수님을 믿고 예수님의 죽으심과 부활로 우리가 영생을 얻었다는 것을 잊지 않도록 도와주세요. 예수님의 이름으로 기도합니다. 아멘.

 적용

친구에게 여러분이 무엇을 할 수 있다고 말했는데 친구가 믿지 않은 적이 있나요? 그 일을 생각하며 다음 영상을 보기로 해요.

적용 예화 영상(지도자용 팩)을 보여 준 후, 다음의 질문으로 이야기를 나눈다.

1 어떤 사람이 자기 자신에 대해 진실을 말하는지 또는 거짓을 말하는지 어떻게 알 수 있나요?

2 **예수님은 왜 기적을 행하셨나요? (예수님은 기적을 통해 하나님을 영화롭게 하시고 예수님이 하나님의 아들이심을 증거하셨어요.)**

3 마리아가 하인들에게 한 말을 통해 그가 예수님에 대해 어떤 믿음을 가지고 있었음을 알 수 있나요?

예수님은 자신이 하나님의 아들이라고 말씀하셨어요. 마리아는 예수님이 그리스도인 것을 믿었어요. 마리아가 하인들에게 예수님이 말씀하시는 대로 하라고 지시한 것은 예수님이 능력 있는 분임을 믿었기 때문이에요. 예수님은 참으로 하나님의 아들이세요. 우리도 예수님을 믿으며 예수님께 순종할 수 있어요.

 나침반

지우고 읽고

"오직 이것을 기록함은 너희로 예수께서 하나님의 아들 그리스도이심을 믿게 하려 함이요 또 너희로 믿고 그 이름을 힘입어 생명을 얻게 하려 함이니라"(요 20:31).

준비물 2단원 암송(133쪽), 화이트보드, 보드마커

① 2단원 암송 구절을 화이트보드에 적고, 아이들과 함께 큰 소리로 읽는다.

② 암송 구절의 한 어절을 지우고, 아이들에게 지운 부분을 기억해 암송 구절을 읽어 보라고 한다.

③ 어절 단위로 지우고 읽기를 반복한다.

④ 모든 어절을 지우고 나면, 아이들에게 요한복음 20장 31절을 외워 보라고 한다.

━━ 모두 정말 잘했어요! 오늘 성경 이야기에서 **예수님의 첫 번째 기적은 물로 포도주를 만드신 일**이라는 것을 배웠어요. 하나님이 왜 이 이야기를 성경에 넣으셨는지 생각해 본 적 있나요? 암송 구절 속에 답이 있어요! 하나님은 우리가 하나님의 아들 예수님을 믿고 예수님 안에 있는 영원한 생명을 얻기를 바라신 거예요!

 보물 지도

꽃병에 물을 채워라

준비물 입구가 넓은 투명한 꽃병 2개, 빨간색 물감, 탁자, 물이 든 주전자, 계량컵

① 꽃병 2개를 같은 것으로 준비해 물감을 몇 방울 떨어뜨려 둔다.

② 꽃병을 탁자 위에 올리고, 물이 든 주전자와 계량컵을 꽃병 사이에 둔다.

③ 아이들을 2팀으로 나누고, 복습 질문을 한다.

④ 한 팀에 질문을 던져 정답을 맞히면 꽃병에 물을 부을 기회를 준 다음, 다른 팀에 질문한다.

⑤ 만약 정답을 맞히지 못하면, 다른 팀에 답할 기회를 준다.

⑥ 꽃병에 물을 더 많이 채운 팀이 이긴다.

1 예수님의 첫 번째 기적은 성경 어느 책에 기록되어 있나요?

요한복음 (요 2:1~12)

2 이 기적은 어디에서 일어났나요?

가나의 결혼식 또는 혼례 (요 2:1)

3 결혼식에 참석한 사람은 누구였나요?

예수님의 어머니 마리아, 예수님, 제자들 (요 2:1~2)

4 결혼식에서 어떤 문제가 생겼나요?

포도주가 떨어졌다 (요 2:3)

5 마리아는 하인들에게 어떤 지시를 내렸나요?

예수님이 무슨 일을 시키시든지 그대로 하라고 했다 (요 2:5)

6 결혼식장에는 돌 항아리가 몇 개 있었나요?

6개 (요 2:6)

7 예수님은 하인들에게 어떻게 하라고 하셨나요?

항아리에 물을 가득 채우라고 하셨다 (요 2:7)

8 물은 어떻게 되었나요?

포도주가 되었다 (요 2:9)

9 이 기적은 예수님의 몇 번째 기적이었나요?

첫 번째 기적이었다 (요 2:11)

10 예수님은 왜 기적을 행하셨나요?

예수님은 기적을 통해 하나님을 영화롭게 하시고 예수님이 하나님의 아들이심을 증거하셨어요.

━━ 여러분이 꽃병에 물을 부었을 때 어떤 일이 일어났나요? (물감 때문에 물이 붉게 변했다) 오늘 성경 이야기에도 비슷한 일이 일어났어요. 예수님이 기적을 행하셨지요. **예수님의 첫 번째 기적은 물로 포도주를 만드신 일이에요.** 우리처럼 물감을 이용해 색깔만 변하게 한 것이 아니라, 예수님은 물이 진짜 포도주가 되게 하셨어요. 예수님은 자신이 하나님의 아들 그리스도이심을 사람들이 믿을 수 있도록 기적을 행하셨어요.

 탐험하기

무엇으로 변했을까?

준비물 학생용 교재 28쪽, 연필

① 아이들에게 알파벳을 따라가며 어느 알파벳이 빈칸에 들어가는지 확인해 보라고 한다.

② 항아리 입구의 영어 단어는 water(워터)라고 읽는다고 알려 주고 어떤 뜻인지 물어 본다. 이 단어의 뜻은 '물'이라고 알려 준다.

③ 항아리 아래의 영어 단어는 어떤 뜻인지 물어 본다. wine(와인)이라고 읽으며, '포도주'를 말한다고 알려 준다.

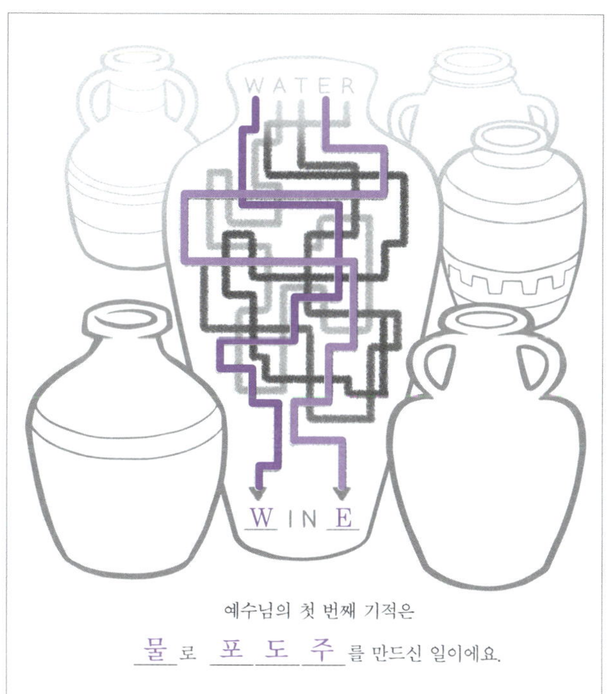

예수님의 첫 번째 기적은 물로 포도주를 만드신 일이에요. 물이 어떻게 포도주가 되었을까요? 예수님이 하나님의 말씀에 순종하며 기다리셨을 때 이 일이 가능했어요. 예수님은 이 기적을 통해 하나님께 영광을 돌리셨고 많은 사람이 예수님을 믿게 되었어요. 예수님만이 우리에게 영원한 생명을 주실 수 있어요.

기적의 항아리

준비물 학생용 교재 29쪽, 연필

아이들에게 암호를 풀고 빈칸에 들어갈 단어를 찾아 넣어 문장을 완성해 보라고 한다.

예수님은 기적을 통해 하나님을 영화롭게 하시고 예수님이 하나님의 아들이심을 증거하셨어요. 예수님의 첫 번

째 기적은 물로 포도주를 만드신 일이에요. 이 기적으로 예수님의 영광이 드러났고 제자들은 예수님을 믿게 되었어요. 예수님은 모든 것을 다스리세요. 예수님을 믿는 사람들은 영원한 생명을 얻을 거예요.

때가 됐어? *

준비물 색인 카드, 펜

① 색인 카드에 임의로 특정 시각을 쓰고 카드를 뒤집어 둔다. (오후 5:18, 오전 8:45 등)

② 아이들에게 카드에 적힌 시각이 몇 시 몇 분인지 맞혀 보라고 한다.

③ 인도자는 "아직 안 됐어요" 또는 "지났어요"라고 말하며 아이들이 추측한 시각이 카드에 적힌 시각보다 전인지 후인지 알려 준다.

④ 아이가 정답을 말하면, 인도자는 "때가 됐다!"라고 외친다.

⑤ 답을 맞힌 아이에게 카드에 새로운 시각을 쓰게 하고, 인도자가 한 것처럼 말하며 나머지 아이들이 시각을 맞히게 한다.

마리아가 포도주가 떨어졌다고 말하자 예수님은 예수님의 때가 아직 이르지 않았다고 말씀하셨어요. 예수님의 말씀은 아직 예수님이 영광을 받으실 때가 아니라는 뜻이었어요. 예수님은 사람들을 죄에서 구하려는 하나님의 계획을 이루기 위해 이 땅에 오셨어요. 예수님의 첫 번째 기적은 물로 포도주를 만드신 일이에요. 하지만 당시는 예수님이 사역을 막 시작하신 때였어요. 예수님에게는 아직 할 일이 많이 남아 있었어요!

원인과 결과 실험하기 *

준비물 발포 비타민, 물, 주스 분말, 베이킹소다, 식초, 투명한 컵 3개, 탁자

① 컵 2개에 물을 따르고 나머지 하나에는 식초를 따른다.

② 준비한 재료를 짝을 지어 탁자 위에 둔다. (발포 비타민과 물, 주스 분말과 물, 베이킹소다와 식초)

③ 아이들에게 이것들을 서로 섞으면 어떻게 될 것 같은지 물어보고, 자원하는 아이를 뽑아 하나씩 섞게 한다.

④ 아이들에게 실험 결과를 묘사해 보라고 한다.

⑤ 이와 같은 반응이 일어나는 이유를 설명해 준다.

1. 발포 비타민이 물과 섞이면 화학 작용이 일어나 이산화탄소 거품이 생겨요.

2. 베이킹소다와 식초가 서로 만나면 이산화탄소가 생겨요.

3. 주스 분말이 물에 녹으면 주스 분말의 색소 때문에 물의 색이 바뀌어요.

—— 이런 변화들은 모두 과학으로 설명할 수 있어요. 하지만 기적은 과학으로 설명할 수 없어요. 기적이란 오직 하나님만 하실 수 있는 특별한 일을 말해요. **예수님은 기적을 통해 하나님을 영화롭게 하시고 예수님이 하나님의 아들이심을 증거하셨어요. 예수님의 첫 번째 기적은 물로 포도주를 만드신 일이에요.** 이 기적을 통해 예수님의 영광이 드러났고, 제자들은 예수님을 믿게 되었어요. 예수님은 모든 것을 다스리세요. 예수님을 믿는 사람은 영원한 생명을 얻을 거예요.

 ## 보물 상자

나만의 기록장 __________________

준비물 **학생용 교재 30쪽, 연필**

① 아이들에게 예수님이 우리의 구원자이신 메시아라는 사실을 믿는지 물어본다.

② 예수님께 기꺼이 순종할 수 있는지 물어보고, 그렇거나 그렇지 않을 경우 그 이유는 무엇인지 적어 보라고 한다.

—— 마리아는 하인들에게 예수님이 무슨 말씀을 하시든지 그대로 하라고 말했어요. 그리고 하인들은 예수님이 말씀하신 대로 항아리에 물을 가득 채웠지요. 아마도 하인들은 이해가 되지 않았을 거예요. 필요한 것은 포도주인데 왜 물을 부으라고 하는지 말이에요. 하지만 예수님이 기적을 행하시자 하인들은 놀라지 않을 수 없었을 거예요.

예수님이 우리에게 어떤 일을 하라고 하실 때, 때로는 왜 그렇게 해야 하는지 이해되지 않을 수 있어요. 하지만 예수님께 순종하면 우리는 예수님이 행하시는 놀라운 일을 보게 될 거예요. 예수님은 무엇이 최선인지 가장 잘 아는 분이시라는 사실을 믿어야 해요.

메시지 카드 __________________

이번 주 메시지 카드로 부모님과 함께 오늘 배운 성경 이야기를 나누어 보라고 한다.

기도 __________________

하나님, 물이 포도주로 변하는 기적을 통해 예수님이 누구신지 알려 주셔서 감사합니다. 예수님을 더 알고 사랑할 수 있도록 도와주세요. 물이 변해 포도주가 되었듯이 우리의 삶도 예수님을 닮아 변화되기를 원합니다. 예수님의 이름으로 기도합니다. 아멘.

'나를 위한 하나님의 멋진 계획'

'복음'이라는 말을 들어 본 적 있니?
복음이란 좋은 소식이라는 뜻이야.
하나님이 우리(너)를 위해 보내 주신
놀라운 선물이지.

 하나님은 세상을 만드셨단다

하나님은 온 세상을 만드셨어.
하늘, 땅, 나무, 새…. 그런데 더 놀라운 것은 사람을 만드셨다는 거야. 바로 우리(너)를 하나님이 만드셨어.
그리고 우리(너)를 사랑하신다고 성경은 말해(요 3:16). 그래서 하나님은 우리와 항상 함께 살기를 원하시지(창 1:1; 골 1:16~17; 계 4:11).

예화 네가 정성을 다해 만든 작품이 소중하듯이 하나님이 너를 만드셨기 때문에 네가 매우 소중한 거야.

 사람들은 죄를 짓고 하나님을 떠났어

모두 죄를 지었다고 성경은 말해(롬 3:23).
죄는 하나님께 불순종해 하나님이 기뻐하시지 않는 말이나 행동을 하는 거야(욕심, 거짓말, 싸움 등).
하나님은 거룩하신 분이기 때문에 죄를 가진 우리는 하나님과 함께 살 수 없게 되었단다.
사람들은 죄 때문에 하나님과 멀어져 결국 죽을 수밖에 없는 벌을 받게 되었어(롬 6:23).

 하나님은 구원 계획을 갖고 계시단다

하나님은 우리(너)를 너무 사랑하셔서 우리(너)가 하나님과 함께 살기를 원하셔. 그래서 대신 벌을 받기로 계획하셨어.
죄가 없으신 하나님의 아들 예수님을 이 땅에 보내셔서 우리가 받아야 할 죄의 벌을 받지 않도록 구원해 주신 거야. 죄인인 우리는 아무리 노력해도 해결할 수 없거든(요 3:16; 엡 2:8~9).

예화 손이 더러우면 어떻게 해야 깨끗해질까? 물로 씻어야겠지? 그런데 거짓말을 했을 때 물로 씻는다고 깨끗해질까?

 예수님이 우리에게 생명을 주셨어

예수님은 완전하신 하나님의 아들이시지만 이 세상 사람의 몸으로 태어나셨어.
아무런 잘못이 없으시지만 너의 죄를 용서해 주시기 위해 십자가에서 죽으셨어(히 9:22). 그리고 3일 만에 다시 살아나셨어. 우리를 사랑하시는 하나님이 우리가 하나님과 함께 영원히 살 수 있는 길을 만드신 것이지. 이것이 우리를 위해 계획하신 최고의 선물이야(롬 5:8; 고후 5:21; 벧전 3:18)!

 예수님! 우리 마음에 오세요!

성경은 영접하는 자 곧 그 이름을 믿는 자는 하나님의 자녀가 된다고 말했어(요 1:12; 롬 10:9~10, 13).
'영접'은 손님이 문밖에서 두드리면 문을 열고 안으로 모시듯이 예수님을 "제 마음에 들어오세요" 하고 맞이하는 거야.
'믿는다'라는 것은 예수님이 나의 죄를 대신해 십자가에 죽으시고 다시 살아나셨음을 진심으로 믿는다는 뜻이야.

너는 이 예수님을 마음에 모셔 들이기를 원하니? 네.
예수님은 어떤 분이시지? 우리의 죄를 위해 십자가에 죽으시고 다시 살아나신 분이셔. 그것을 진심으로 믿을 수 있겠니? 네.
그럼 선생님을 따라서 기도할 수 있겠니? 네.

영접 기도
사랑하는 예수님, 저는 죄를 지었어요.
저의 죄 때문에 예수님이 십자가에 죽으시고 다시 살아나셨음을 믿어요. 지금 제 마음에 들어오셔서 저의 주님이 되어 주세요.
예수님의 이름으로 기도합니다. 아멘.

구원의 확신
너는 누구의 자녀가 되었지? 하나님이요.
"영접하는 ○○, 곧 그 이름을 믿는 ○○에게는 하나님의 자녀가 되는 권세를 주셨으니"(요 1:12)
이제 ○○는 하나님의 자녀가 되었다고 하나님이 말씀에서 약속하셨어. 하나님의 자녀가 되었으니 다시는 싸우거나 욕심 부리는 죄를 짓지 않을 수 있을까? 아니요.
그러면 예수님이 너의 마음에서 떠나실까? "내가 결코 너를 떠나지도 않고 버리지도 않겠다"(히브리서 13장 5절을 읽게 한다).
그래, 너의 마음속에 오신 예수님은 너를 떠나지도 버리지도 않으셔. 항상 너와 함께 계시면서 네가 옳은 일을 할 수 있도록 힘과 용기를 주신단다.

8 예수님이 하늘의 떡을 주셨어요

마 14:13~21; 막 6:30~44; 요 6:1~14

예수님의 제자들은 사람들을 가르치고 병을 고치며 열심히 일했습니다. 예수님은 제자들에게 한적한 곳으로 가 휴식을 취하자고 말씀하셨습니다. 하지만 예수님을 찾아오는 사람들이 많았기 때문에 조용히 쉴 곳을 찾기가 힘들었습니다. 예수님과 제자들이 갈릴리 호수를 건너가자 이미 큰 무리가 예수님을 기다리고 있었습니다.

모여 있는 수많은 사람을 보신 예수님은 불편해하거나 귀찮아하지 않으셨고, 사람들을 쫓아내지도 않으셨습니다. 오히려 목자 없는 양 같이 길을 잃은 모습을 보고 불쌍히 여기셨습니다. 예수님은 잃어버린 양을 찾아 구하는 선한 목자이십니다(눅 19:10; 요 10:14 참조).

그날 저녁 예수님은 여자와 아이를 제외하고도 5천 명이나 되는 사람들을 먹이시는 기적을 베푸셨습니다. 이 기적은 예수님이 행하신 기적 중 유일하게 사복음서에 모두 기록된 사건입니다. 이것은 누가 보아도 하나님이 하신 일이었습니다. 광야를 유랑하던 이스라엘 백성에게 만나를 내려 주신 바로 그 하나님이 보리떡 5개와 물고기 2마리로 수많은 사람을 배부르게 먹이신 것입니다.

하지만 예수님의 의도는 사람들의 육체적 필요만 채우시는 데 있지 않았습니다. 예수님은 그들의 영적 필요도 충족시키기 위해 이 땅에 오셨습니다. 요한복음 6장 35절을 보면 예수님은 "나는 생명의 떡이니"라고 말씀하셨습니다. 예수님께 오는 사람은 결코 주리지 않을 것이며, 예수님을 믿는 사람은 영원히 목마르지 않을 것이라고 하셨습니다.

예수님은 하늘에서 내려온 떡이십니다(요 6:41 참조). 하나님은 하나님의 아들을 완전한 희생 제물로 삼으셔서 우리의 죄를 대신 지게 하셨습니다. 첫 번째 주의 만찬(성찬)에서 예수님은 떡을 떼셨습니다. 이것은 예수님이 십자가에서 죽으심을 상징합니다(마 26:26 참조).

주 제

예수님이 보리떡 5개와 물고기 2마리로 5천 명이 넘는 사람을 먹이셨어요.

가스펠 링크

예수님은 자신이 '생명의 떡'이라고 말씀하셨어요. 우리 영혼의 필요를 채워 주실 분은 오직 예수님뿐이에요.

●● 티칭 포인트

아이들을 가르칠 때, 하나님은 우리의 필요를 채워 주시는 분이라는 사실을 아이들이 알 수 있도록 도와주십시오. 우리는 하나님이 '일용할 양식'을 주실 것을 믿을 수 있습니다(마 6:11 참조). 하나님은 예수님을 통해 구원을 베푸심으로 우리의 가장 큰 필요를 채워 주셨습니다. 그런 하나님이 모든 것을 우리에게 기꺼이 주시지 않겠습니까(롬 8:32 참조)?

예수님이 하늘의 떡을 주셨어요 마 14:13~21; 막 6:30~44; 요 6:1~14

예수님의 제자들은 사람들을 가르치고 병을 고치며 열심히 일했어요. 너무 많은 사람이 찾아와 밥 먹을 시간도 없었지요! 그래서 예수님은 제자들에게 "나를 따라오너라. 사람들이 없는 조용한 곳으로 가서 좀 쉬자"라고 말씀하셨어요.

예수님과 제자들은 배를 타고 갈릴리 호수를 건넜어요. 하지만 그 모습을 본 사람들은 예수님보다 먼저 호수 건너편으로 달려갔어요. 예수님과 제자들이 반대편 호숫가에 도착했을 때 이미 사람들이 와서 기다리고 있었어요. 예수님은 모여 든 사람들을 보시고 목자 없는 양 떼처럼 불쌍히 여기셨어요. 그래서 사람들에게 하나님 나라에 대해 가르치시고, 아픈 사람들도 고쳐 주셨어요.

저녁이 되자 제자들이 예수님께 와서 말했어요. "이곳은 빈 들판이고 날은 저물어 갑니다. 사람들에게 마을에 들어가 음식을 사 먹으라고 하십시오." 하지만 예수님은 "갈 필요 없다. 너희가 음식을 주어라"라고 대답하셨어요.

제자들이 어리둥절하며 말했어요. "우리에게는 이렇게 많은 사람을 먹일 음식이 없습니다." 빌립은 "이 사람들에게 음식을 다 주려면 1년 치 품삯을 다 써도 모자랍니다"라고 말했어요.

예수님이 제자들에게 말씀하셨어요. "너희에게 떡이 얼마나 있느냐? 가서 알아보아라." 안드레가 와서 "여기 한 소년이 보리떡 5개와 물고기 2마리를 가지고 있습니다. 하지만 사람이 이렇게 많은데 무슨 소용이 있겠습니까?"라고 말했어요.

예수님은 제자들에게 사람들을 풀밭에 앉히라고 말씀하셨어요. 사람들은 무리를 지어 앉았어요. 예수님은 보리떡 5개와 물고기 2마리를 손에 들고 하늘을 우러러보며 감사 기도를 드리셨어요. 그리고 보리떡을 떼어 제자들에게 주시고 물고기도 나누어 주셨어요. 제자들이 음식을 가져가 사람들에게 나누어 주자 모든 사람이 배불리 먹었어요.

그런 후 예수님은 제자들에게 남은 음식을 모으라고 하셨어요. 제자들이 남은 것을 모으니 12광주리나 되었어요. 예수님이 이날 먹이신 사람은 어른 남자만 해도 5천 명이었어요. 여자와 아이들까지 더하면 정말 많은 사람이 음식을 배불리 먹었지요.

●● 가스펠 링크

예수님은 5천 명을 먹이심으로 사람들의 육체적인 필요를 채우셨어요. 다음날 예수님은 자신이 '생명의 떡'이라고 말씀하셨어요(요 6:35 참조). 우리 영혼의 필요를 채워 주실 분은 오직 예수님뿐이에요. 예수님은 우리를 용서하시고 하나님과 교제하게 하시고 영생을 주세요.

 환영

도착하는 아이들을 반갑게 맞이하고 헌금, 출석, QT 등을 확인하며 격려한다. 새 친구가 있다면 소개한다. 편안한 분위기에서 안부를 물으며 오늘의 말씀과 관련된 화제로 이야기를 나눈다. 아이들에게 가장 좋아하는 음식이 무엇인지 물어본다. 자발적으로 대화에 참여하도록 이끈다.

예) "가장 좋아하는 음식이 무엇인가요?", "많은 사람에게 음식을 대접해야 한다면 어떤 메뉴를 준비할 건가요?" 등.

▬▬ 모두 다양한 음식을 좋아하는군요! 저도 그 음식들을 좋아해요. 저는 100인분의 음식을 준비한 적도 있답니다. 많은 음식을 준비하는 것은 무척 어려운 일이었어요! 오늘 성경 이야기에서 예수님의 제자들은 5천 명의 식사를 준비할 생각에 아찔했어요.

 마음 열기

남은 음식 모으기 ★ ─────────────

준비물 **고무공 또는 탁구공**(인원수보다 1개 적게), **바구니**

① 바구니에 인원수보다 1개 적은 수의 공을 담아 둔다.

② 아이들을 인도자의 반대편에 세운다.

③ 인도자가 바구니를 뒤집어 공을 바닥에 쏟고, 아이들에게 재빨리 공을 하나씩 주우라고 한다.

④ 그다음 공의 개수를 1개 줄여 바구니에 담고, 공을 줍지 못한 아이가 술래가 되어 공을 바닥에 쏟게 한다.

⑤ 공을 하나씩 줄이며 놀이를 반복한다.

▬▬ 오늘 성경 이야기에서 제자들은 식사하고 남은 떡과 생선을 바구니에 모았어요. 그랬더니 12바구니나 되었지요. 과연 어떤 일이 있었는지 삼시 후에 들어 보기로 해요.

내 저녁 찾아 먹기 ★ ─────────────

준비물 **'생선과 떡' 카드**(지도자용 팩)

① '생선과 떡' 카드를 출력해 여러 세트를 준비해 둔다.

② 아이들을 2~3명씩 팀으로 나누고, 카드를 나누어 준다.

③ 아이들에게 카드를 섞어 그림이 보이지 않게 뒤집어 바둑판 모양

으로 바닥에 놓으라고 한다.

④ 한 명씩 차례로 카드 2장을 뒤집어 같은 그림이 나오면 카드를 가져가고, 다른 그림이 나오면 다시 바닥에 뒤집어 놓으라고 한다.

⑤ 짝이 되는 카드를 모두 찾을 때까지 놀이를 계속한다. 카드를 가장 많이 모은 사람이 이긴다.

▬▬ 성경이 기록될 당시의 사람들은 생선과 떡으로 식사를 했다고 해요. 여러분이라면 저녁으로 생선과 떡(빵)을 얼마나 먹었을까요? 아이들의 대답을 기다린다. 만약 5천 명이 먹어야 한다면 생선과 떡이 얼마나 많이 필요했을까요? 오늘 성경 이야기를 들으면서 함께 알아보기로 해요.

교사를 위한 기록장 이 과를 준비하면서 깨닫게 된 묵상을 정리해 보세요.

· 하나님이나 나에 대해 새롭게 알게 된 것은?

· 기억하고 싶은 하나님의 약속은?

· 아이들에게 전하고 싶은 메시지는?

가스펠 **설교**
(15~30분)

들어가기

 운동복, 손목 밴드, 헤드 밴드, 접시, 떡, 큰 바구니, 성경

운동복을 입고, 손목 밴드와 헤드 밴드를 착용하고 들어온다. 접시에 떡을 몇 조각 담아 와 큰 바구니에 던져 넣는다. 대부분은 들어가지 않는다.

혼잣말을 하며 아, 이런! 연습이 많이 필요하겠어! 아이들을 향해 말한다. 안녕하세요, 여러분. 다시 만나서 반가워요! 그런데 저의 떡 던지기 실력 때문에 조금 당황스럽네요. 여러분도 알다시피 저는 아주 독특한 대회에 나갈 준비를 하고 있어요. 확실한 것은 아니지만 그 대회에 떡 던지기 종목이 있다고 해요. 혹시 여러분 중에 떡 던지기 전문가가 있나요? 나중에 저한테 비법 좀 알려 주세요. 아이들의 비법을 듣거나 직접 시범을 보이게 한다. 인도자가 다시 떡 던지기를 시도하지만 실패한다. 아무래도 저는 소질이 없는 것 같아요.

성경을 들고 말한다. 하지만 여러분에게 성경을 소개하는 말씀이야말로 제가 제일 잘하는 종목이지요. 여러분이 성경을 통해 하나님에 대해 더 배우려고 이렇게 모인 것이 정말 기뻐요. 오늘은 어떤 성경 이야기가 우리를 기다리고 있을지 한번 알아볼까요?

연대표

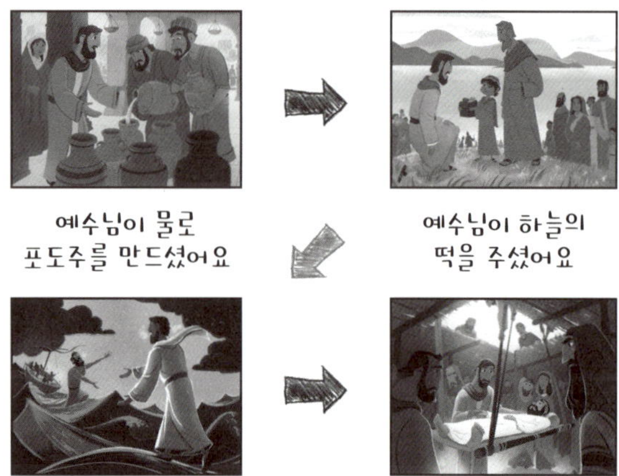

예수님이 물로
포도주를 만드셨어요

예수님이 하늘의
떡을 주셨어요

예수님이 물 위를
걸으셨어요

예수님이 중풍 병자를
고치셨어요

지난주에 우리는 예수님의 첫 번째 기적을 배웠어요. **예수님의 첫 번째 기적은 물로 포도주를 만드신 일이에요.** 오늘은 예수님이 행하신 다른 기적을 알아볼 거예요. 연대표에서 오늘의 성경 이야기를 가리킨다. 오늘 성경 이야기의 제목은 "예수님이 하늘의 떡을 주셨어요"예요. 이 이야기는 신약성경의 여러 복음서에 나와요. 과연 어떤 일이 있었는지 함께 알아보아요.

성경의 초점

우리는 예수님의 기적에 대해 배우고 있어요. 기억하나요? 기적이란 오직 하나님만 하실 수 있는 특별한 일이라는 것을요. 예수님은 그저 사람들을 놀라게 하려고 기적을 행하신 것이 아니에요. 자, '성경의 초점' 질문을 할게요. **예수님은 왜 기적을 행하셨나요?** 대답하고 싶은 사람 있나요? 아이들의 대답을 기다린다. **예수님은 기적을 통해 하나님을 영화롭게 하시고 예수님이 하나님의 아들이심을 증거하셨어요.**

성경 이야기

마태복음 14장, 마가복음 6장, 요한복음 6장을 펴고, 설교 영상(지도자용 팩)을 보여 주거나 이야기 성경을 들려준다. 예수님이 많은 사람 앞에 서서 말씀하셨듯이, 아이들 앞에 서서 이야기해 본다. 떡(빵) 5개와 물고기 모형 2개를 준비해 수많은 사람이 먹기에는 턱없이 부족한 양이라는 사실을 강조한다. 또는 파도 소리를 틀어 놓고 조명을 약간 어둡게 해 성경 이야기의 배경이 저녁이라는 것을 알려 준다.

예수님과 제자들은 휴식이 필요했어요. 그동안 많은 사람을 가르치고 치료하느라 쉴 시간도 식사할 시간도 없었지요. 그래서 예수님은 제자들과 함께 배를 타고 갈릴리 호수를 건너셨어요. 그런데 사람들이 거기까지 따라왔어요! 호숫가로 난 길을 따라 달려와 반대편에서 기다리고 있었던 거예요. 여러분은 어떨지 모르겠지만, 저라면 쉬고 싶은데 사람들이 따라다니며 귀찮게 하면 짜증이 날 것 같아요. 하지만 예수님은 그러지 않으셨어요! 사람들을 보시고 불쌍히 여기셨지요. 예수님은 사람들을 돌려보내지 않으셨어요. 오히려 하나님에 대해 더 가르치시고 그들의 병까지 고쳐 주셨지요. 시간이 지나 저녁 먹을 때가 되었어요. 제자들은 예수님께 사람들을 보내 먹을 것을 구하게 하자고 말씀드렸어요. 그곳은 들판이라 먹을 것을 파는 곳이 없었거든요. 그러니 근처 농장이나 마을로 가서 음식을 사 먹어야 했어요.

예수님이 사람들에게 마을로 가서 저녁을 먹고 다시 오라고 하셨나요? 아니에요! 예수님은 사람들에게 먹을 것을 주라고 제자들에게 말씀하셨어요. 하지만 그곳에 모인 사람은 성인 남자만 해도 5천 명이었어요! 여자와 아이들까지 포함하면 훨씬 더 많았지요. 그렇게 많은 사람에게 어떻게 먹을 것을 줄 수 있을까요? 그들이 먹을 음식을 사려면 엄청난 돈이 필요한데 말이에요!

예수님은 정말 놀라운 일을 하셨어요. 예수님은 한 소년이 가져온 보리떡 5개와 물고기 2마리를 들고 하나님께 감사 기도를 드렸어요. 그런 다음 여러 조각으로 나누어 제자들에게 주시며 사람들에게 나누어 주라고 하셨어요. 사람들은 모두 배불리 먹었어요! 심지어 음식이 남기까지 했어요! 제자들이 남은 떡과 물고기를 모으니 12광주리나 되었어요. **예수님이 보리떡 5개와 물고기 2마리로 5천 명이 넘는 사람을 먹이셨어요.** 기적이지요! **예수님은 왜 기적을 행하셨나요? 예수님은 기적을 통해 하나님을 영화롭게 하시고 예수님이 하나님의 아들이심을 증거하셨어요.**

 가스펠 링크

저는 이 성경 이야기가 참 좋아요. 하나님이 우리를 얼마나 아끼시는지 알 수 있거든요. 하나님은 우리의 필요를 채우실 능력이 있으시고 우리를 긍휼히 여기시는 분이지요. 누군가 배가 고플 때 먹을 음식을 주는 것은 정말 좋은 일이에요. 하지만 사람이라면 누구나 육체의 배고픔보다 더 필요한 것이 있어요.

우리는 모두 죄인이에요. 죄는 우리를 하나님에게서 멀어지게 해요. 예수님은 우리에게 가장 필요한 것을 주셨어요. 바로 하나님과의 올바른 관계예요. 예수님은 십자가에서 죽으심으로 우리가 빚아야 할 죄의 빚을 대신 받으셨어요. 예수님은 보리떡 5개와 물고기 2마리로 5천 명이나 되는 사람들의 육체적 필요를 채우셨어요. 다음날 예수님은 자신을 '생명의 떡'이라고 말씀하셨어요(요 6:35 참조). 우리 영혼의 필요를 채워 주실 분은 오직 예수님뿐이에요. 예수님은 우리를 용서하시고 하나님과 교제하게 하시고 영생을 주세요.

 복음 초청

성경과 71쪽 복음 초청 가이드를 이용해서 아이들에게 그리스도인이 되는 법을 설명해 준다. 따로 상담해 줄 사람을 정해 주고 궁금한 점이 있으면 물어보도록 격려한다.

이 시간 예수님을 마음에 모시고 싶은 친구는 함께 기도해요.

 기도

하나님, 우리의 가장 큰 필요를 채워 주시려 예수님을 보내 주셔서 감사합니다. 우리의 필요를 채우시고 우리를 긍휼히 여겨 주시는 하나님을 찬양합니다. 하나님께 모든 것을 맡길 수 있도록 우리에게 믿음을 주시고 함께해 주세요. 예수님의 이름으로 기도합니다. 아멘.

적용

TIP 설교 도입이나 적용으로 활용하거나 영상을 본 뒤 소그룹으로 나누어 풍성한 대화를 이어 갈 수 있습니다.

인생에서 가장 중요한 것은 무엇일까요? 사람들은 무엇이 없으면 살 수 없을까요? 아이들의 대답을 기다린다 재미있는 생각이에요. 다음 영상을 함께 보기로 해요.

적용 예화 영상(지도자용 팩)을 보여 준 후, 다음의 질문으로 이야기를 나눈다.

1 필요한 것과 원하는 것의 차이는 무엇일까요? 이 2가지를 어떻게 구별하나요?

2 여러분은 원하는 것을 모두 얻나요? 항상 최선의 것만을 원하나요?

3 여러분에게 가장 필요한 것은 무엇인가요? 예수님은 우리에게 가장 필요한 것을 어떻게 주시나요?

예수님은 보리떡 5개와 물고기 2마리로 5천 명이나 되는 사람들의 육체적 필요를 채우셨어요. 다음날 예수님은 자신을 '생명의 떡'이라고 말씀하셨어요(요 6:35 참조). 의식주를 포함한 다른 것들은 우리 몸을 잠시 편하게 해 주어요. 하지만 우리를 용서하시고, 하나님과 좋은 관계를 맺게 하시며, 영원한 생명을 주셔서 우리 영혼의 필요를 채워 주실 분은 오직 예수님뿐이에요.

 나침반

빈칸 채우며 암송하기

준비물 2단원 암송(133쪽), 종이, 연필, 성경

① 종이에 2단원 암송 구절을 적되, 핵심 단어들(예수, 하나님 아들, 그리스도, 믿게 하려, 믿고, 영생)을 빼고 적어 둔다.

② 아이들에게 핵심 단어가 빠진 암송 구절을 보여 주고, 빈칸에 들어갈 단어들을 자유롭게 말해 보라고 한다.

③ 성경에서 요한복음 20장 31절을 찾아 맞는지 확인하고, 아이들과 함께 암송 구절을 바르게 완성한다.

④ 완성한 암송 구절을 함께 큰 소리로 읽는다.

━━ 오늘의 성경 이야기는 **예수님이 보리떡 5개와 물고기 2마리로 5천 명이 넘는 사람을 먹이신 일**에 관한 것이었어요. 정말 믿기 힘든 일이지요! 저는 하나님이 우리에게 말씀을 주셔서 참 기뻐요. 이 성경 이야기를 듣고 나서 예수님이 그리스도이시며 하나님의 아들이신 것을 더 확실하게 믿게 되었거든요.

 보물 지도

성경에서 찾아봐!

준비물 성경, 종이, 연필

① 아이들을 3팀으로 나누고, 성경 구절을 알려 준다.

   1. 마태복음 14장 13~21절

   2. 마가복음 6장 30~44절

   3. 요한복음 6장 1~14절

② 팀별로 각 성경 본문에 공통으로 나오는 내용과 그렇지 않은 내용을 벤다이어그램으로 나타내 보라고 한다.

공통적인 내용

1. 수많은 사람이 예수님과 제자들을 따라왔어요.

2. 예수님과 제자들이 배를 타고 갈릴리 호수 건너편으로 갔어요.

3. 사람들은 배가 고팠어요.

4. 예수님이 제자들에게 먹을 것을 주라고 하셨어요.

5. 보리떡 5개와 물고기 2마리를 찾았어요.

6. 예수님이 5천 명의 성인 남자를 먹이셨어요.

마태복음에만 있는 내용

1. 5천 명의 성인 남자 외에 여자와 어린아이들도 있었어요.

2. 먹을 것을 주시기 전에 예수님이 사람들의 병을 고치셨어요.

마가복음에만 있는 내용

1. 한적한 곳으로 가기 전에 제자들은 밥 먹을 시간도 없이 많은 일을 하고 있었어요.

2. 예수님은 자신을 따라온 사람들을 목자 없는 양 떼처럼 불쌍히 여기셨어요.

요한복음에만 있는 내용

1. 유대인들의 유월절이 다가오고 있었어요.

2. 보리떡과 물고기는 한 소년의 것이었어요.

━━ 예수님은 기적을 통해 하나님을 영화롭게 하시고 예수님이 하나님의 아들이심을 증거하셨어요. 예수님은 우리 죄 때문에 십자가에서 죽으시고 3일 만에 다시 살아나셨어요. 예수님을 믿음으로 우리는 용서를 받고 영원히 하나님과 함께 살 수 있게 되어요.

 탐험하기

예수님이 하신 일

준비물 학생용 교재 32쪽, 연필, 성경

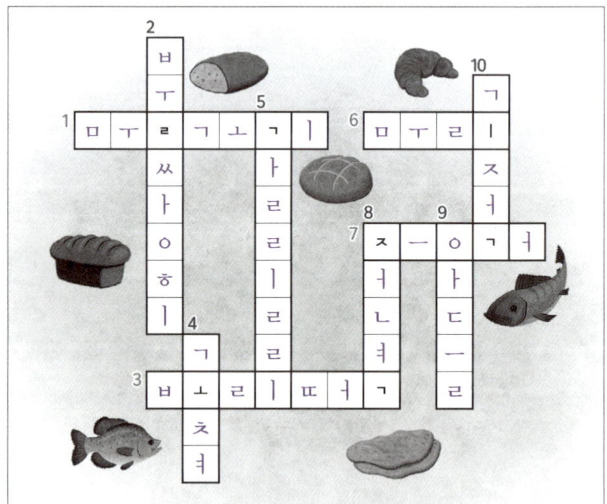

● 누가 예수님을 따라갔나요? (마 14:13) 6 <u>무리</u>

● 예수님은 어디로 가셨나요? (요 6:1) 5 <u>갈릴리</u> 호수 건너편

● 예수님은 무엇을 하셨나요? (마 14:14) 앓는 사람들을 4 <u>고쳐</u> 주셨다.

● 예수님은 왜 그러셨나요? (마 14:14) 그들을 2 <u>불쌍히</u> 여기셨기 때문이다.

● 예수님은 8 <u>저녁</u> 이 될 때까지 사람들을 고쳐 주셨어요. (마 14:15)

● 예수님은 무엇으로 5천 명을 먹이셨나요? (요 6:9) 3 <u>보리떡</u> 5개와 1 <u>물고기</u> 2마리

● 예수님은 왜 10 <u>기적</u> 을 행하셨나요?
예수님은 기적을 통해 하나님을 영화롭게 하시고 예수님이 하나님의 9 <u>아들</u> 이심을 7 <u>증거</u> 하셨어요.

보기의 질문을 읽고 빈칸에 들어갈 답을 해당 숫자와 색에 맞춰 자모음으로 풀어 십자 퍼즐을 완성하게 한다.

예수님은 무엇을 채워 주실까요?

준비물 학생용 교재 33쪽, 연필

① 내가 원하는 것과 내게 필요한 것을 각각 3개씩 적어 보라고 한다. 왜 그것들이 필요한지 물어본다.

② 예수님은 우리의 어떤 필요를 채워 주시는지 물어보고, 빈칸을 채워 요한복음 6장 35절을 완성하게 한다.

> 예수께서 이르시되 나는 ___생명의 떡___이니
>
> 내게 오는 자는 결코 ___주리지 아니할 터이요___
>
> 나를 믿는 자는 영원히 ___목마르지 아니하리라___

—— 우리가 원하는 것과 우리에게 필요한 것이 같을 수도 있지만 다를 수도 있어요. 긍휼이 많으신 예수님은 5천 명이 넘는 사람들의 육체적 필요, 즉 배고픔을 아셨어요. 우리를 사랑하시고 우리의 모든 필요를 아시는 예수님은 우리가 원하는 것보다 우리에게 필요한 것을 채워 주세요. 왜냐하면 우리가 원하는 것이 때로는 우리에게 필요하지 않다는 것을 아시기 때문이에요. 우리에게 가장 필요한 것은 죄에서 구원받는 것임을 아시는 예수님은 십자가에서 죽으심으로 우리의 죗값을 치르셨어요. 그리고 새로운 생명을 주셔서 하나님 나라에서 영원히 살 수 있게 하셨어요.

복음을 나누어요 *

준비물 에너지바, 라벨지, 가위, 색연필이나 사인펜, 가위, 성경

① 에너지바에 붙일 만한 크기로 라벨지를 잘라 둔다.

② 아이들에게 라벨지를 나누어 주고, 그 위에 요한복음 6장 35절을 적으라고 한다. (라벨지에 요한복음 6장 35절을 미리 출력해 두어도 좋다.)

③ 물고기나 떡 모양처럼 예수님이 우리의 필요를 채워 주신다는 것을 나타내는 그림을 넣어 꾸미게 한다.

④ 완성한 라벨지를 에너지바 포장지 위에 붙이고, 이번 주에 에너지바를 필요로 하는 사람에게 전해 주라고 한다.

—— 이번 주에 여러분이 만든 에너지바를 다른 사람에게 전해 보세요. **예수님이 보리떡 5개와 물고기 2마리로 5천 명이 넘는 사람을 먹이신** 이야기도 들려주면서요. 기적보다 더 중요한 것은 그 기적을 통해 예수님이 무엇을 알려 주시는가 하는 거예요. 예수님은 보리떡 5개와 물고기 2마리로 5천 명이나 되는 사람들의 육체적 필요를 채우셨어요. 다음날 예수님은 자신을 '생명의 떡'이라고 말씀하셨어요(요 6:35 참조). 우리 영혼의 필요를 채워 주실 분은 오직 예수님뿐이에요. 예수님은 우리를 용서하시고 하나님과 교제하게 하시고 영생을 주세요.

 ## 보물 상자

나만의 기록장

준비물 학생용 교재 34쪽, 연필

① 하나님이 필요를 채워 주셨던 경험이 있는지 물어본다.

② 하나님이 우리에게 주신 것들은 무엇인지 적어 보라고 한다.

—— 하나님이 선물로 주신 모든 것은 선하고 완전해요(약 1:17 참조). 우리에게 주신 가장 좋은 선물은 바로 예수님이에요. 예수님은 우리를 대신해 십자가에서 죽으시고 다시 살아나심으로 우리를 죄에서 자유롭게 하시고 하나님과 영원히 함께할 수 있도록 영원한 생명을 주셨어요.

메시지 카드

이번 주 메시지 카드로 부모님과 함께 오늘 배운 성경 이야기를 나누어 보라고 한다.

기도

우리의 필요를 아시고 모든 것을 공급하시는 하나님을 찬양합니다. 무엇보다 하나님의 아들 예수님을 가장 큰 선물로 주셔서 감사합니다. 이 땅에 오셔서 십자가에서 죽으시고 다시 살아나신 예수님을 통해 우리를 구원해 주셔서 감사합니다. 이 기쁜 소식을 다른 사람과 나누는 우리가 되도록 함께 해 주세요. 예수님의 이름으로 기도합니다. 아멘.

9 예수님이 물 위를 걸으셨어요

마 14:22~33

예수님은 갈릴리 호숫가에서 5천 명이 넘는 사람들을 먹이신 후 돌려보내셨습니다. 그리고 제자들에게 호수를 다시 건너가라고 말씀하시고 혼자 산으로 기도하러 가셨습니다. 늦은 시간이었지만 하나님 아버지와 단둘이 있고 싶으셨기 때문입니다. 예수님은 하나님의 계획을 성취할 준비를 하고 계셨습니다. 오래지 않아 예수님은 십자가에서 죽으심으로 사람들을 죄에서 구원하실 것입니다.

예수님이 기도하시는 동안 호수를 건너던 제자들은 어려움을 겪고 있었습니다. 폭풍이 몰아쳐 배가 요동했기 때문입니다. 배는 도무지 물살을 헤쳐 나가지 못했습니다. 바로 그때, 이른 새벽 시간에 누군가 물 위를 걸어 제자들에게 다가오는 것이 보였습니다. 제자들은 유령이라고 생각했지만, 그는 바로 예수님이셨습니다!

베드로가 예수님께 "주여 만일 주님이시거든 저에게 물 위로 걸어 오라고 하십시오"라고 말하자 예수님은 그를 부르셨습니다. 베드로도 예수님처럼 물 위를 걸었습니다. 적어도 폭풍을 두려워하기 전까지 말입니다. 예수님에게서 거센 바람으로 눈을 돌리는 순간 그는 물에 빠져 버렸습니다. 베드로는 다급하게 "주여 나를 구원하소서"라고 소리를 질렀습니다.

예수님은 곧바로 손을 내밀어 베드로를 잡으시고는 배에 함께 오르셨습니다. 그러자 바람과 파도가 잔잔해졌습니다. 한순간 의심했던 베드로를 포함한 제자들은 예수님께 경배했습니다. 예수님은 평범한 사람이 아니셨습니다. 하나님의 아들이시며, 하나님이 약속하신 메시아가 분명했습니다.

예수님은 자신을 믿고 의지해도 된다는 사실을 증명하셨습니다. 예수님의 기적과 가르침, 죽음과 부활 사건을 보면 예수님이 자신에 관해서 하신 말씀이 모두 사실이라는 것을 알 수 있습니다.

● ● 티칭 포인트

아이들을 가르칠 때, 매일의 삶 속에서 예수님을 믿음으로 바라보라고 말해 주십시오. 구원이 필요할 때만 예수님을 부르는 것이 아닙니다. 이 세상을 사는 동안 도움이 필요할 때마다 예수님을 찾아야 합니다. 두려움과 의심 한가운데에서 우리는 빈손을 뻗어 예수님께 소리쳐야 합니다. "주여, 나를 구원하소서!" 예수님은 대답하실 것이고, 우리는 우리의 구원자 되신 주님께 경배로 응답하면 됩니다.

주 제

물 위를 걸으신 예수님은 진정한 하나님의 아들이세요.

가스펠 링크

예수님은 자신을 믿고 의지해도 된다는 것을 보여 주셨어요.

예수님이 물 위를 걸으셨어요 마 14:22~33

예수님이 갈릴리 호숫가에서 사람들을 가르치셨어요. 날이 저물자 예수님은 제자들에게 배를 타고 호수 건너편으로 먼저 건너가 있으라고 말씀하셨어요. 예수님은 사람들을 집으로 돌려보내시고 혼자 기도하러 산으로 올라가셨어요.

그날 저녁 배가 호숫가에서 한참 멀어졌을 때, 갑자기 거센 바람이 불기 시작했어요. 거친 파도에 배가 이리저리 흔들렸지요. 예수님은 여전히 산에 계셨어요.

새벽 즈음, 예수님이 호수 위를 걸어 제자들에게 다가오셨어요. 제자들은 예수님을 보고 겁에 질려 "유령이다!"라고 소리 질렀어요. 예수님은 "안심해라! 나다! 두려워하지 말아라"라고 말씀하셨어요.

베드로가 말했어요. "주님, 정말 주님이 맞으시면 저에게 물 위로 걸어오라고 말씀해 주십시오." 예수님은 베드로에게 "오너라!"라고 말씀하셨어요.

베드로는 배에서 내려 예수님을 향해 물 위를 걸었어요. 하지만 거센 바람을 보자 덜컥 겁이 났어요. 그러자 베드로가 물속으로 가라앉기 시작했어요. "주님, 살려 주십시오!" 베드로가 다급하게 소리를 질렀어요.

예수님이 곧바로 손을 내밀어 베드로를 붙잡았어요. 그리고 말씀하셨지요. "믿음이 적은 사람아, 왜 의심하였느냐?"

예수님이 베드로와 함께 배에 오르자 바람이 멈추었어요. 배에 있던 사람들이 모두 예수님께 절하며 말했어요. "주님은 참으로 하나님의 아들이십니다!"

● ● 가스펠 링크

예수님은 자신을 믿고 의지해도 된다는 것을 보여 주셨어요. 예수님은 기적과 가르침, 죽음과 부활을 통해 자신에 관해서 하신 말씀이 모두 사실이라는 것을 증거하셨어요. 우리가 예수님을 바라보고 믿을 때, 예수님은 우리를 죄에서 구하세요.

가스펠 준비
(10~20분)

환영

도착하는 아이들을 반갑게 맞이하고 헌금, 출석, QT 등을 확인하며 격려한다. 새 친구가 있다면 소개한다. 편안한 분위기에서 안부를 물으며 오늘의 말씀과 관련된 화제로 이야기를 나눈다. 아이들에게 두려웠던 적이 있는지 물어본다. 자발적으로 대화에 참여하도록 이끈다. 예)"어떤 일을 할 때 두려웠던 적이 있나요?", "왜 두려웠나요?", "두려움을 어떻게 극복했나요?" 등.

〰〰 두려움은 우리의 생각에서 비롯되어요. 할 수 없을 것 같다는 생각과 걱정이 우리를 두렵게 만들어요. 오늘 성경 이야기에서 베드로가 그랬어요. 그런 베드로에게 예수님이 뭐라고 하셨는지 함께 알아보아요.

마음 열기

선장님만 바라보아요! *

준비물 마스킹 테이프

① 예배실 바닥에 마스킹 테이프로 긴 선을 만든다.

② 인도자는 선장이 되어 선 한쪽 끝에 서고, 아이들은 반대편 끝에 한 줄로 세운다.

③ 아이들에게 바닥을 보지 말고 선장만 바라보며 한 발로 뛰어오라고 한다. 이때 선을 벗어나면 안 된다고 말해 준다.

④ 끝까지 선장만 바라보지 않고 바닥을 보거나 두 발을 디디면 탈락이라고 알려 준다.

〰〰 놀이하는 동안 선장만 바라보고 가는 것이 힘들었나요? 오늘 성경 이야기에 나오는 예수님의 제자는 예수님에게서 눈을 뗐다가 물에 빠져 버렸어요! 무슨 일이 일어났는지 함께 성경 이야기 속으로 들어가 보아요.

뜰까? 안 뜰까? *

준비물 투명한 플라스틱 수조, 물, 수건, 다양한 물건(삶은 달걀, 날달걀, 연필, 일회용 포크, 스펀지, 오렌지, 사과, 장난감 블록, 알루미늄 포일, 목욕 놀이 장난감 등)

① 투명한 플라스틱 수조에 물을 채운다.

② 아이들에게 다양한 물건을 보여 주며 이 물건을 수조에 넣으면 물에 뜰지 가라앉을지 물어본다.

③ 물건을 하나씩 수조에 넣어 확인한다.

④ 아이들에게 물에 뜬 물건과 가라앉은 물건을 분류해 보라고 한다.

⑤ 수건으로 물건의 물기를 닦아 정리한다.

〰〰 사람은 물에 뜰까요, 가라앉을까요? 수영을 하면 물에 뜨기도 하지만 수면 위에 가만히 서 있을 수 있을까요? 오늘 성경 이야기는 기적에 관한 이야기예요. 예수님이 물 위를 걸으셨다고 하면 여러분은 믿겠어요? 예수님의 제자 중 한 사람도 물 위를 걸었다면요? 과연 어떤 이야기인지 자세히 알아보기로 해요.

교사를 위한 기록장 이 과를 준비하면서 깨닫게 된 묵상을 정리해 보세요.

·하나님이나 나에 대해 새롭게 알게 된 것은?

·기억하고 싶은 하나님의 약속은?

·아이들에게 전하고 싶은 메시지는?

 들어가기

준비물 운동복, 손목 밴드, 헤드 밴드, 구명조끼, 성경

운동복을 입고, 손목 밴드와 헤드 밴드를 착용하고 들어온다. 구명조끼를 입기 시작한다.

혼잣말하면서 이렇게 하니까 약간 끼네. 구명조끼를 조정한다. 이제 됐다. 훨씬 낫군. 다시 만나서 반가워요, 여러분! 저는 인도자의 이름입니다. 웬 구명조끼인가 궁금하지요? 여러분도 알다시피 제가 아주 중요한 경기를 앞두고 있잖아요! 아주 독특한 장애물 경기인데요, 정확하게 어떤 종목들이 있는지 저도 사실 잘 몰라요. 하지만 물과 관련된 종목이 있다고 하더군요. 저한테는 좋은 소식이 아니지만요. 저는 수영을 할 줄 모르거든요. 제가 물에 가라앉기 시작하면 구조대원이 얼른 와서 저를 구해 주기를 바랄 뿐이에요.

성경을 들고 말한다. 그러고 보니 오늘 우리가 들을 성경 이야기랑 비슷한 점이 있군요. 얼른 시작해 볼까요?

연대표

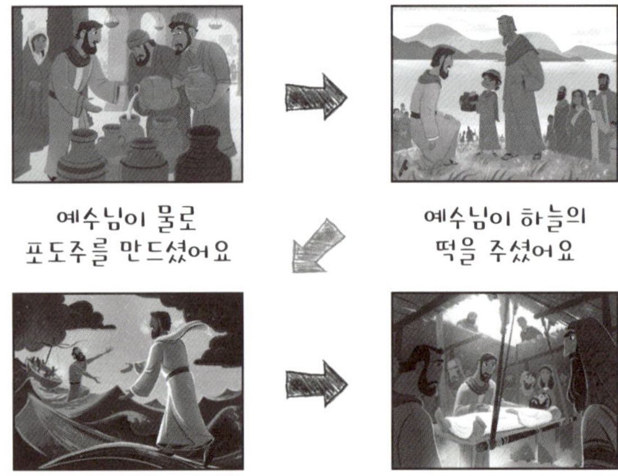

예수님의 첫 번째 기적이 무엇이었는지 기억하는 사람 있나요? 힌트를 줄게요. 결혼식에서 기적이 일어났어요. 아이들의 대답을 기다린다. 맞아요. **예수님의 첫 번째 기적은 물로 포도주를 만드신 일이에요.** 다른 기적은 호숫가에서 일어났지요? 이번에는 사람들이 배가 고팠어요! **예수님이 보리떡 5개와 물고기 2마리로 5천 명이 넘는 사람을 먹이셨어요.** 연대표에서 오늘의 성경 이야기를 가리킨다. 오늘 성경 이야기의 제목은 "예수님이 물 위를 걸으셨어요"예요. 이 성경 이야기는 신약성경의 마태복음에 나온답니다.

 성경의 초점

그동안 우리는 예수님의 기적에 관한 이야기들을 들었어요. 2단원의 '성경의 초점' 질문은 **"예수님은 왜 기적을 행하셨나요?"**예요. 함께 대답해 볼까요? **예수님은 기적을 통해 하나님을 영화롭게 하시고 예수님이 하나님의 아들이심을 증거하셨어요.**

 성경 이야기

마태복음 14장을 펴고, 설교 영상(지도자용 팩)을 보여 주거나 이야기 성경을 들려준다. 폭풍이 부는 부분을 이야기할 때, 아이들이 "휘잉!"이라고 바람 소리를 내며 손으로 파도치는 모양을 흉내 내게 한다. 바람과 파도가 잠잠해지는 부분에서는 조용히 한다.

믿을 수가 없어요! 여러분은 어떨지 모르겠지만, 저는 물 위를 걷는 사람을 본 적이 없어요. 제가 직접 시도했던 적이 있는데, 물에 발을 대는 순간 곧바로 수영장 바닥에 가라앉아 버리던걸요.

제가 이 성경 이야기를 좋아하는 이유는 예수님이 제자들에게 잘 보이려고 기적을 행하신 것이 아니기 때문이에요. '성경의 초점' 질문과 답을 기억하나요? **예수님은 왜 기적을 행하셨나요? 예수님은 기적을 통해 하나님을 영화롭게 하시고 예수님이 하나님의 아들이심을 증거하셨어요.** 예수님이 물 위를 걸으셨을 때, 제자들은 예수님이 모든 창조물을 다스리는 능력이 있는 분이시라는 것을 깨달았지요. 자신이 하나님의 아들이라고 하셨던 예수님의 말씀이 사실인 것을 알고 예수님께 경배했어요.

자신들을 향해 걸어오시는 예수님을 본 제자들은 처음에 무서워했어요! 어두운 새벽이었고, 갈릴리 호수 한가운데였으니까요. 게다가 호수에는 거센 바람이 불고 큰 파도가 일고 있었지요. 물 위를 걸어오는 누군가를 보고 유령이 나타났다고 생각했어요.

그 다음에 베드로가 한 행동이 재미있지 않나요? 베드로는

예수님이 맞는지 확인하고 싶었어요. 그래서 자기도 물 위로 걸어가게 해 달라고 부탁했지요. 예수님이 "오너라!"라고 말씀하시자 베드로는 예수님을 향해 물 위를 걸었어요. 하지만 그리 멀리 가지는 못했어요. 주변을 둘러본 베드로는 거센 바람과 파도에 겁이 났어요. 그러자 베드로의 몸이 물속으로 빠지기 시작했어요!

제가 물에 빠졌어도 베드로처럼 "주님, 살려주세요!"라고 소리 질렀을 거예요. 그러자 예수님이 곧바로 손을 뻗어 베드로를 붙잡으시고 함께 배에 타셨어요.

 가스펠 링크

거센 바람과 파도를 본 베드로는 정말 물 위를 걸을 수 있는지 의심했어요. 하지만 예수님은 자신을 믿고 의지해도 된다는 것을 보여 주셨어요. 예수님은 기적과 가르침, 죽음과 부활을 통해 자신에 관해서 하신 말씀이 모두 사실이라는 것을 증거하셨어요. 우리가 예수님을 바라보고 믿을 때, 예수님은 우리를 죄에서 구하세요.

찬양

기적

물이 포도주 되게 하시고

떡 다섯 개 물고기 두 마리로 오천 명 먹이신

물 위를 걸으며 걷게도 하시는 기적의 예수님

나의 주 나의 구원자

신비한 기적보다 더 놀라운 주 사랑

영원한 생명이 되신 주 내겐 더 큰 기적

기적이 일어나네 하나님 나라 임하시네

주님의 능력 온 세상 밝히네

기적이 일어나네 하나님의 메시아

그분을 통해 생명 얻으리.

 복음 초청

이 되는 법을 설명해 준다. 따로 상담해 줄 사람을 정해 주고 궁금한 점이 있으면 물어보도록 격려한다.

이 시간 예수님을 마음에 초대하고 싶은 친구가 있나요? 함께 기도해요.

 기도

하나님, 물 위를 걸으신 예수님 이야기를 들었습니다. 일어날 수 없을 것 같은 일이 하나님의 능력으로 이루어질 때 우리 마음에 의심보다 믿음이 가득하게 해 주세요. 우리를 죄와 죽음에서 구원하기 위해 십자가에서 죽으시고 다시 살아나신 예수님을 믿을 수 있도록 도와주세요. 예수님의 이름으로 기도합니다. 아멘.

 적용

TIP 설교 도입이나 적용으로 활용하거나 영상을 본 뒤 소그룹으로 나누어 풍성한 대화를 이어 갈 수 있습니다.

너무 두렵고 걱정이 가득했던 적이 있나요? 큰일이 닥쳤는데 내 힘으로는 아무 것도 할 수 없다는 것을 깨닫는다면 정말 눈앞이 캄캄해질 거예요. 다음 영상을 함께 보아요.

적용 예화 영상(지도자용 팩)을 보여 준 후, 다음의 질문으로 이야기를 나눈다.

1 벤저민은 왜 어쩔 줄 몰라했나요? 어떻게 다시 침착할 수 있었나요?

2 별일이 아닌 일로 크게 걱정했던 적이 있나요?

3 하나님이 어떤 분이시라는 것을 알면 힘든 상황 속에서도 평안할 수 있을까요?

우리는 어려운 일을 겪을 때 하나님이 모든 것을 다스리시고 모든 일을 하실 수 있다는 사실을 믿을 수 있어요. 하나님을 믿으면 마음이 평안해져요. 그리고 그런 우리의 모습을 보고 세상은 하나님이 전능하신 분이라는 사실을 알게 되어요. **물 위를 걸으신 예수님은 진정한 하나님의 아들이세요.** 예수님의 기적과 가르침, 죽음과 부활을 보면 예수님이 자신에 관해서 하신 말씀이 모두 사실이라는 것을 알 수 있어요. 우리를 구원할 수 있는 분은 오직 예수님뿐임을 믿어요.

가스펠 소그룹
(10~20분)

 ## 나침반

주거니 받거니

준비물 2단원 암송(133쪽), 색인 카드

① 2단원 암송 구절을 어절 단위로 나누어 색인 카드에 적어 둔다. 나눈 어절의 수가 짝수가 되도록 한다.

② 아이들을 2팀으로 나누고, 각 팀에 같은 개수의 색인 카드를 나눠 준 뒤 암송할 시간을 준다.

③ 시간이 되면 인도자가 "시작!"이라고 외치고, 2팀이 번갈아 가며 말씀을 암송하며 이어가게 한다.

④ 중간에 잘 외우지 못하면 다시 외울 시간을 준 후, 2팀이 처음부터 끝까지 막히지 않고 말씀을 암송하게 한다.

━━ **물 위를 걸으신 예수님은 진정한 하나님의 아들이세요.** 성경은 우리가 예수님이 그리스도이시며 하나님의 아들이라는 사실을 믿을 수 있도록 돕기 위해 이런 일들을 기록하고 있어요.

 ## 보물 지도

베드로에게 물어요

준비물 성경, 의자, 종이, 연필

① 아이들에게 성경에서 마태복음 14장 22~33절을 찾게 하고 함께 읽는다.

② 자원하는 아이를 한 명(베드로) 뽑아 의자에 앉힌다.

③ 나머지 아이들을 4팀으로 나누고, 종이와 연필을 주며 성경 이야기 속의 사건을 취재하는 기자 역할을 맡긴다.

④ 팀별로 베드로에게 2개 이상씩 질문하게 한다.

예) · 물 위를 걸어오는 이가 누구라고 생각했나요? (마 14:26)

· 언제 물에 빠지기 시작했나요? (마 14:30)

· 이 일이 일어났을 때 어디 있었나요? (마 14:22, 24)

· 왜 예수님을 의심하게 되었나요? (마 14:31)

· 바람이 멈추었을 때 무엇을 했나요? (마 14:32~33)

⑤ 베드로가 대답할 때에는 성경에 있는 내용으로 대답해야 하며, 잘 생각나지 않을 때는 "구해 줘!"라고 말하라고 일러 준다. 베드로가 도움을 요청하면 인도자가 도와준다.

━━ 모두 정말 잘했어요! 예수님이 물 위를 걸으셨어요. 정말 멋지지요! 우리가 기억해야 할 것은 예수님이 제자들에게 잘 보이려고 이런 기적을 행하신 것이 아니라는 점이에요. **예수님은 왜 기적을 행하셨나요?** 아이들의 대답을 기다린다. 맞아요. **예수님은 기적을 통해 하나님을 영화롭게 하시고 예수님이 하나님의 아들이심을 증거하셨어요.**

탐험하기

SOS! 빠진다 빠져!

준비물 학생용 교재 36쪽, 연필, 색연필

① 물 위를 걷다가 빠진 베드로가 예수님을 향해 뭐라고 외쳤는지 물어본다.

② 십자가가 그려져 있는 글자를 찾아 색칠해 답을 완성해 보라고 한다.

③ 베드로가 예수님께 외친 말을 함께 큰 소리로 외쳐 보게 한다.

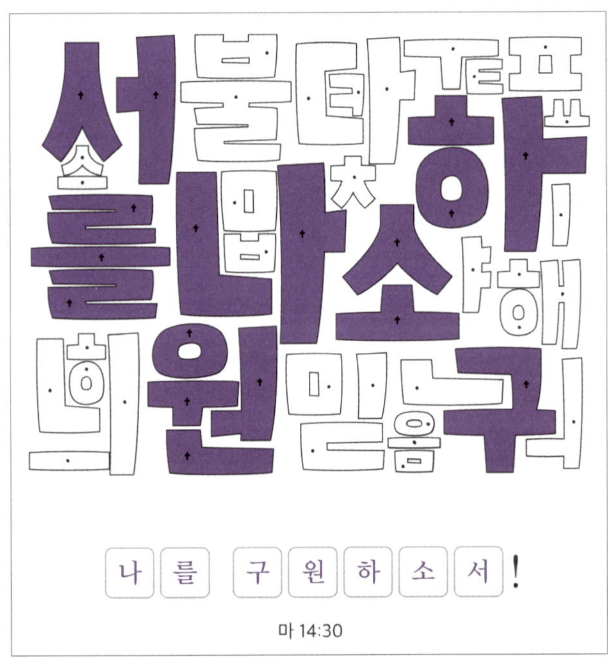

━━ 사람이 물 위를 걷는 것은 불가능해요. 하지만 예수님은 불가능한 일을 가능하게 만드셨어요. **예수님은 기적을 통해 하나님을 영화롭게 하시고 예수님이 하나님의 아들이심을 증거하셨어요.** 우리의 현재와 미래가 아무리 불안해도, 예수님을 믿으면 하나님 안에서 두려워하지 않고 흔들리지 않아요. 세상에서 가장 무서운 일도 하나님의 사랑에서 우리를 떼어 놓지 못해요. 하나님은 우리가 하나님의 능력을 기억하며 힘들거나 무서운 상황에서 하나님을 믿길 바라세요.

말씀이신 예수님을 의지해요

준비물 학생용 교재 37쪽, 연필

① 어울리지 않는 그림을 찾아 ○표 하라고 한다.

② 그림에 적힌 단어를 빈칸에 넣어 성경의 초점을 완성하게 한다.

예수님은 왜 기적을 행하셨나요?

예수님은 기적을 통해

<u>하 나 님</u>을 <u>영 화</u>롭게 하시고

<u>예 수 님</u>이 <u>하 나 님</u>의 <u>아 들</u>이심을

<u>증 거</u>하셨어요.

베드로는 풍랑 속에서 예수님을 바라보았을 때 물 위를 걸을 수 있었어요. 하지만 예수님에게서 시선을 떼자 바로 호수에 빠졌어요. 우리는 두렵고 힘들 때 의지할 사람을 찾아요. 우리를 두려움과 어려움에서 구원하실 분은 오직 예수님뿐이에요. 우리의 죄를 용서하고 영원한 생명을 주기 위해 이 땅에 오신 하나님의 아들이기 때문이에요. 또 예수님은 말씀이세요(요 1:14 참조).

수채화 그리기 *

준비물 미술 도구(종이, 수채 물감, 붓, 물) 또는 색연필

① 아이들에게 성경 이야기의 한 장면을 그림으로 그려 보라고 한다.

　1. 예수님이 제자들을 향해 물 위로 걸어오시는 장면 (마 14:25~26)

　2. 베드로가 예수님을 향해 걸어가는 장면 (마 14:29)

　3. 베드로가 물에 빠지자 예수님이 손을 뻗어 구하시는 장면 (마 14:30~31)

② 그림이 완성되면 서로 그림을 보여 주는 시간을 가진 후, 아이들에게 질문한다.

　1. 제자들은 밤새도록 배를 타고 있었어요. 예수님이 물 위로 걸어오셨을 때 사

방이 캄캄했지요. 여러분도 어둠 속에서 두려웠던 적이 있나요?

　2. 베드로는 예수님께 자기도 물 위를 걷게 해 달라고 부탁했어요. 베드로는 겁이 났을까요? 전에 해 본 적 없는 일을 할 때 어떤 기분이 드나요?

　3. 베드로는 거센 바람과 파도를 보고 겁이 났어요. 주변에서 일어나는 일로 겁이 날 때 어떻게 할 수 있나요?

물 위를 걸으신 예수님은 진정한 하나님의 아들이세요. 믿음으로 예수님을 바라볼 때 베드로도 물 위를 걸었어요. 우리도 매일 믿음으로 예수님을 바라볼 수 있어요. 살면서 두려움에 빠지거나 의심이 생길 때도 "주님, 살려주세요!"라고 외치면 예수님이 응답하실 거예요. 그러면 우리도 제자들처럼 예수님을 경배하게 될 거예요.

💎 보물 상자

나만의 기록장

준비물 학생용 교재 38쪽, 연필

① 낯선 사람보다 우리가 잘 아는 사람을 믿기가 더 쉽다고 말해 준다.

② 아이들에게 예수님을 얼마나 잘 알고 있는지 물어보고, 예수님에 대해 알고 있는 점들을 적어 보라고 한다.

메시지 카드

이번 주 메시지 카드로 부모님과 함께 오늘 배운 성경 이야기를 나누어 보라고 한다.

기도

우리를 언제나 사랑하고 돌보시는 하나님, 예수님을 보내 우리를 죄에서 구원하시고 하나님 나라에서 영원히 살게 해 주셔서 감사합니다. 이면 상황에서도 두려워하지 않고 구원자 예수님만 바라보며 살아가도록 도와주세요. 예수님의 이름으로 기도합니다. 아멘.

고치시는 예수님

구약성경에서 하나님은 자신을 치료의 하나님이라고 표현하셨습니다. 긍휼이 풍성하신 하나님은 엘리야와 엘리사 선지자에게 병을 고치고 죽은 자를 살리는 능력을 주셨습니다. 하나님의 유일한 아들이신 예수님은 병자를 고치고 죽은 자를 살리실 뿐 아니라 십자가에서 죽으시고 다시 살아나셔서 죄와 죽음을 완전히 이기셨습니다. 하나님이 정하신 때가 되면 예수님은 다시 오셔서 병과 고통을 영원히 없애실 것입니다.

예수님이
중풍 병자를
고치셨어요

예수님이
귀신 들린 사람을
고치셨어요

예수님이
여인을 고치시고
소녀를 살리셨어요

예수님이
나사로를
살리셨어요

카운트다운 – 미술 시간

카운트다운 영상(지도자용 팩)을 틀고 예배 준비 자세를 취하도록 격려한다. 예배가 시작되는 시간에 영상이 끝나도록 맞추어 놓는다. 영상이 끝나기 30초 전에 예배 인도자는 정해진 위치에 서서 조용히 기도하는 모범을 보인다.

무대 배경 – 가스펠 병원

병원 대기실처럼 꾸민다. 책상이나 탁자를 접수대처럼 놓는다. 무대 중앙에는 의자를 일렬로 놓고 그 앞에는 책이나 잡지를 쌓아 둔다. 벽에는 시계와 액자를 건다. 화면에 '가스펠 병원' 배경 이미지(지도자용 팩)를 띄운다.

10 예수님이 중풍 병자를 고치셨어요

막 2:1~12

예수님이 가버나움이라는 동네에 계실 때였습니다. 바리새인과 서기관들이 예수님의 가르침을 듣기 위해 왔습니다. 예수님이 무엇을 가르치는지, 그리고 그 가르침이 옳은지 확인하고 싶었기 때문입니다. 예수님이 계시던 집은 사람들로 붐벼 발 디딜 틈이 없었습니다.

그때 네 사람이 예수님을 중풍에 걸린 친구를 들것에 싣고 찾아왔습니다. 예수님은 전에도 많은 병자를 고치셨는데, 그중에는 중풍 병자도 있었습니다(마 4:24; 8:6 참조). 중풍 병자의 친구들은 예수님이 하나님이 보내신 분이며 어떠한 병도 고치실 수 있다고 믿었습니다. 그 믿음은 행동으로 나타났습니다. 사람들 사이를 비집고 들어갈 수 없자 그들은 지붕으로 올라가 구멍을 뚫었습니다. 그리고 아픈 친구를 들것에 실은 채 예수님 앞으로 내렸습니다.

예수님이 중풍 병자에게 하신 말씀은 바리새인과 서기관들을 놀라게 했습니다. 예수님은 "일어나 걸어가라"라고 하지 않으시고 "네 죄가 용서받았다"라고 말씀하셨기 때문입니다. 종교 지도자들이 입을 다물고 있었지만, 예수님은 그들의 생각을 아셨습니다. 그들은 예수님이 오직 하나님만 하실 수 있는 일을 하며 신성 모독을 하고 있다고 생각했습니다. 하지만 사실 그것은 신성 모독이 아니었습니다. 예수님은 하나님이시고, 죄를 용서할 권한을 가진 분이기 때문입니다.

예수님은 그들에게 "'네 죄가 용서받았다'라고 말하는 것과 '일어나 걸어가라'라고 말하는 것 중 어느 쪽이 쉽겠느냐"라고 물으셨습니다. 단순히 생각하면 '네 죄가 용서받았다'라고 말하기가 더 쉬워 보일 수도 있지만, 사실 죄 용서는 오직 하나님만 하실 수 있는 일이기 때문에 더 어려운 일입니다. 예수님은 하나님이시기 때문에 병을 고치실 뿐 아니라 죄를 용서하실 능력과 권세도 있습니다. 예수님은 자신이 곧 십자가에서 중풍 병자의 죄를 대신 질 것도 알고 계셨습니다. 그 사랑을 증명하시기 위해 자신의 목숨을 내놓으신 것입니다.

● ● 티칭 포인트

아이들에게 예수님은 중풍에 걸린 사람을 고치심으로 자신에게 죄를 용서할 능력이 있다는 사실을 종교 지도자들에게 증거하셨음을 알려 주십시오. 마가복음 2장 12절은 이 일을 지켜본 사람들의 반응을 이렇게 기록합니다. "그들이 다 놀라 하나님께 영광을 돌리며 이르되 우리가 이런 일을 도무지 보지 못하였다 하더라."

주 제

예수님은 중풍 병자를 고치시고 그의 죄를 용서하셨어요.

가스펠 링크

예수님은 병을 고치시고 죄를 용서하실 능력과 권한이 있어요. 예수님은 자신을 믿는 사람의 죄를 용서하세요.

예수님이 중풍 병자를 고치셨어요 막 2:1~12

갈릴리 지방을 다니시던 예수님이 가버나움으로 가셨어요. 그 소식을 들은 많은 사람이 예수님의 가르침을 들으려고 예수님이 계신 곳으로 모여들었어요. 그중에는 갈릴리와 유대 지방의 율법 교사들도 많이 모였지요. 예수님이 계신 집은 문 앞까지 사람들로 가득 차 발 디딜 틈도 없었어요.

바로 그때 4명의 친구가 중풍에 걸려 걸을 수 없는 친구를 자리에 뉘어 예수님을 찾아왔어요. 그들은 예수님이 중풍 병자를 고쳐 주시기를 바랐지만, 도저히 사람들 틈을 비집고 들어갈 수가 없었어요. 그래서 그들은 지붕으로 올라갔어요. 그러고는 예수님이 계신 곳 바로 위의 지붕을 뜯어내고 아픈 친구를 자리에 눕힌 채로 예수님 바로 앞으로 내렸어요.

예수님은 이들의 믿음을 보시고 자리에 누운 중풍 병자에게 이렇게 말씀하셨어요. "얘야, 네 죄가 용서받았다!" 이 말을 들은 종교 지도자들은 생각했어요. '이 사람은 자기가 누구라고 생각하는 거지? 하나님을 모독하고 있구나! 죄를 용서하실 분은 오직 하나님뿐인데!'

예수님은 그들의 생각을 아셨어요. 그래서 "왜 그런 생각을 하느냐? 이 사람에게 '네 죄가 용서받았다'라고 말하는 것이 쉽겠느냐, 아니면 '일어나 걸어가라'라고 말하는 것이 쉽겠느냐?"라고 말씀하셨지요.

예수님은 성자 하나님이세요. 그래서 사람들의 죄를 용서할 수 있으세요. 하지만 죄가 진짜 용서받았다는 것을 어떻게 증명할 수 있을까요? 예수님은 자신에게 죄를 용서할 능력이 있다는 것을 보여 주기 위해 중풍 병자를 돌아보며 말씀하셨어요. "일어나 네 자리를 들고 집으로 가거라."

걸을 수 없었던 중풍 병자는 그 자리에서 바로 일어났어요. 그러고는 자기가 누웠던 자리를 들고 걸어서 집으로 돌아갔지요. 예수님이 말씀하신 대로 말이에요.

사람들은 바로 눈앞에서 일어난 일을 보고도 믿을 수가 없었어요! 그들은 하나님을 찬양하며 "이런 일을 한 번도 본 적이 없다!"라고 말했어요.

●● 가스펠 링크

중풍 병자는 예수님이 병을 고쳐 주시기를 바랐어요. 하지만 예수님은 그보다 더 중요한 일을 먼저 해 주셨어요. 그의 죄를 용서해 주신 거예요. 그리고 나서 예수님은 그의 병을 고쳐 주셨어요. 예수님은 병을 고치시고 죄를 용서하실 능력과 권한이 있어요. 예수님은 자신을 믿는 사람의 죄를 용서하세요.

가스펠 준비
(10~20분)

환영

도착하는 아이들을 반갑게 맞이하고 헌금, 출석, QT 등을 확인하며 격려한다. 새 친구가 있다면 소개한다. 편안한 분위기에서 안부를 물으며 오늘의 말씀과 관련된 화제로 이야기를 나눈다. 아이들에게 어떤 일을 할 때 친구에게 도움을 받은 적이 있는지 물어본다. 자발적으로 대화에 참여하도록 이끈다.

예) "친구를 도와준 적이 있나요?", "친구에게 도움을 받은 적이 있나요?", "어떤 일이었나요?", "친구의 도움이 없었다면 그 일을 해 낼 수 있었을까요?" 등.

〰〰〰 힘들고 어려울 때 도와줄 친구가 있다는 것은 큰 축복이에요. 오늘 성경 이야기에는 움직이지 못하는 한 사람과 그의 곁을 지키는 네 친구가 나와요. 이 친구들은 아픈 친구를 위해 어떤 일을 했을까요?

마음 열기

인간 장애물 경기 *
① 인간 장애물 역할을 할 아이 4~6명을 정하고, 예배실 곳곳에 흩어져 서게 한다.

② 인간 장애물 역할을 하는 아이들이 취할 자세와 나머지 아이들이 장애물을 통과하기 위해 해야 할 행동을 시범으로 보여 준다.

예) 1. 장애물이 바닥에 눕는다. 주자는 장애물을 조심스럽게 넘어간다.

　　2. 장애물이 다리를 벌려 터널을 만든다. 주자는 터널 사이를 기어간다.

　　3. 장애물이 손을 높이 든다. 주자는 장애물에게 하이파이브를 한다.

　　4. 장애물이 양반다리를 하고 바닥에 앉는다. 주자는 장애물 주위를 2번 돈다.

　　5. 장애물이 무릎, 팔꿈치를 바닥에 대고 엎드린다. 주자는 개구리처럼 장애물을 펄쩍 뛰어넘는다.

③ 한 명씩 차례내로 장애물 코스를 통과하게 한다.

④ 정해진 시간 안에서 역할과 장애물 모양을 바꾸어 놀이를 계속한다.

〰〰〰 좁은 공간에 사람이 너무 많아 이쪽에서 저쪽으로 가기 힘들었던 적이 있나요? 어떤 집에 사람이 너무 많아서 도저히 들어갈 수 없다고 상상해 보세요! 오늘 성경 이야기에 나오는 친구들도 그런 일을 겪었어요. 사람들이 너무 많아 예수님께 갈 수가 없었지요. 친구들이 왜 그렇게 예수님께

가고 싶어 했는지 잠시 후에 알아보기로 해요.

독창적인 발명품 * ________________________
준비물 다양한 만들기 재료(키친타월심, 빨대, 포스트잇, 클립 등)

① 아이들을 3~4명씩 팀을 나눈다.

② 다양한 만들기 재료를 주고, 팀별로 발명품을 만들어 보라고 한다.

③ 각 팀이 만든 물건과 용도에 대해 발표할 시간을 준다.

④ 발표가 끝날 때마다 아이들에게 "우와! 이런 건 정말 처음 봐!"라고 외치게 한다.

〰〰〰 오늘 성경 이야기에서 예수님은 아주 놀라운 일을 하셨어요. 그 광경을 본 사람들은 "이런 일은 한 번도 본 적이 없다!"라고 말했지요. 도대체 무슨 일이 일어났을까요? 사람들이 왜 그렇게 놀랐는지 함께 알아보기로 해요.

교사를 위한 기록장 이 과를 준비하면서 깨닫게 된 묵상을 정리해 보세요.

·하나님이나 나에 대해 새롭게 알게 된 것은?

·기억하고 싶은 하나님의 약속은?

·아이들에게 전하고 싶은 메시지는?

93

 들어가기

준비물 **수술복**(수술복처럼 보이는 단색 옷차림), **손목시계, 종이가 끼워진 클립보드, 성경**

손목시계를 차고, 수술복을 입고 들어온다. 종이가 끼워진 클립보드와 성경을 들고 있다.

클립보드를 보며 말한다. 황재우 씨, 들어오세요. 고개를 들고 놀란 표정으로 아이들을 쳐다본다. 어이쿠, 세상에! 대기실이 정말 빨리 찼네. 클립보드를 다시 보고 한 아이를 지목하며 묻는다. 그런데 이름이 무엇이지요? 아이 이름은 예약자 명단에 없는데요? 몇 명을 더 지목해 이름을 묻고 예약자 명단에 없다고 말한다. 다들 명단에 없어요. 여러분, 이곳에 어디가 아파서 온 것 맞아요? 아니면 어디 다쳤나요? 아니에요? 손목시계를 본다. 아! 알겠다! 성경 이야기를 들으러 왔군요! 시간이 벌써 이렇게 되었다니. 좋아요! 그럼 시작해 볼까요?

 연대표

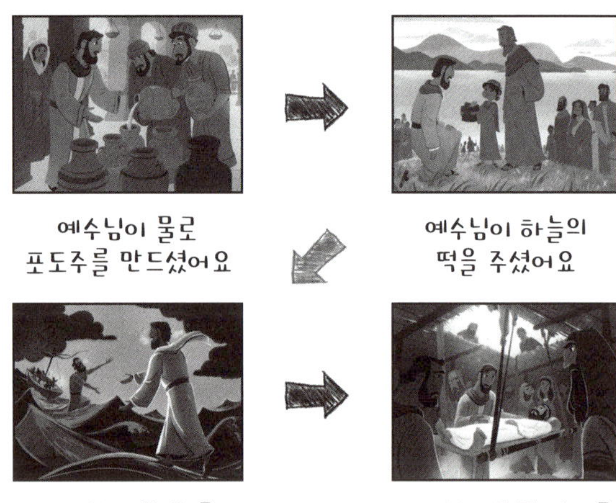

예수님이 물로
포도주를 만드셨어요

예수님이 하늘의
떡을 주셨어요

예수님이 물 위를
걸으셨어요

예수님이 중풍 병자를
고치셨어요

오늘 성경 이야기는 바로 여기 있어요. 연대표에서 오늘의 성경 이야기를 가리킨다. 제목은 "예수님이 중풍 병자를 고치셨어요"예요. 신약성경의 마가복음에 나오는 이야기이지요. 성경에는 수많은 이야기가 있지만, 사실 그 이야기들을 모두 합치면 하나님이 죄인들을 구하려고 하나님의 아들을 세상에 보내신 이야기가 된다는 것 기억하고 있지요?

 성경의 초점

예수님은 이 땅에 계시는 동안 많은 사람과 함께 시간을 보내셨어요. **예수님은 하나님과 하나님 나라에 대해 가르치기 위해 비유로 말씀하셨어요.** 기적도 행하셨지요. 기적이란 오직 하나님만 하실 수 있는 특별한 일을 말해요. **예수님은 기적을 통해 하나님을 영화롭게 하시고 예수님이 하나님의 아들이심을 증거하셨어요.** 앞으로 몇 주 동안 우리는 예수님이 사람들을 고쳐 주신 이야기들을 들을 거예요. 새로운 '성경의 초점' 질문은 바로 이것이랍니다. **"예수님은 어떤 문제를 해결해 주시나요?"** 성경 이야기를 잘 들으면 답을 찾을 수 있을 거예요.

성경 이야기

마가복음 2장을 펴고, 설교 영상(지도자용 팩)을 보여 주거나 이야기 성경을 들려준다. 아이들이 바닥에 누워 이야기를 듣게 해 본다. 예수님이 중풍 병자에게 일어나라고 말하는 장면에서는 모두 일어서서 이야기를 마저 듣게 한다.

예수님은 나사렛에서 자라셨지만 어른이 된 후에는 가버나움이라는 동네에서 사셨어요. 어느 날, 예수님이 가버나움에 계실 때 사람들이 예수님의 가르침을 들으려고 몰려왔어요. 그중에는 바리새인이나 율법 교사와 같은 종교 지도자들도 있었지요. 예수님이 계시던 집은 사람들로 붐벼 발 디딜 틈이 없었어요. 그때 어떤 사람들이 중풍에 걸려 움직이지 못하는 한 사람을 들것에 실어서 집으로 데리고 왔어요. 그들은 예수님을 만나고 싶었어요. 예수님이 아픈 친구를 고쳐 주실 것이라고 믿었지요. 하지만 예수님이 계신 집은 문 앞까지 사람들로 가득 차 있었어요. 그들이 어떻게 했을까요? 아이들의 대답을 기다린다. 그냥 돌아갔을까요? 아이들의 대답을 기다린다. 아니에요! 네 친구는 지붕으로 올라가, 예수님이 계신 곳 위에 있는 지붕을 뜯어냈어요. 그러고는 아픈 친구를 집 안으로 달아 내렸지요.

상상해 보세요! 예수님이 수많은 사람 앞에 앉아 계시는데, 갑자기 지붕이 뚫리며 들것에 실린 사람이 예수님 앞으로 내려오는 장면요! 예수님은 친구들에게 믿음이 있다는 것을 아셨어요. 그들은 예수님이 자신에 관해서 하시는 말씀이 모두 진실이며, 그렇기 때문에 병든 친구를 고치실 수 있을 것이라고 믿었던 거예요.

예수님은 중풍 병자를 고치시고 그의 죄를 용서하셨어요. 사람들은 예수님의 말씀을 듣고 깜짝 놀랐어요. 중풍 병자에게 "네 죄가 용서받았다"라고 말씀하셨거든요. 예수님이 하나님을 모독하고 있다고 생각한 종교 지도자들은 무척 화가 났어요. 죄를 용서할 수 있는 분은 오직 하나님뿐이기 때문이에요. 그들은 예수님이 성자 하나님이라는 사실을 도무지 깨닫지 못했어요. 하나님은 사람들을 죄에서 구하려고 예수님을 이 땅에 보내셨어요. 예수님은 우리가 받을 죄의 벌을 대신 받아 십자가에서 죽기 위해 이 땅에 오셨어요. 완전한 사람으로 오신 예수님은 또한 완전한 하나님이시기 때문에 사람들의 죄를 용서하실 수 있어요.

예수님은 종교 지도자들이 화가 났다는 것을 아시고 그들에게 자신의 능력을 보여 주셨어요. 죄를 용서하는 것뿐만 아니라 걷지 못하는 사람을 고치는 능력도 있다는 것을 말이에요. 예수님이 중풍 병자에게 일어나 들것을 들고 집에 가라고 말씀하시자, 그는 그대로 했어요. 기적이었지요! 사람들은 깜짝 놀라 하나님을 찬양하며 "이런 일은 한 번도 본 적이 없다!"라고 말했어요.

 가스펠 링크

예수님은 사람들의 어떤 문제를 해결해 주시나요? 예수님은 사람들의 병을 고치시고, 죄를 용서하시고, 죽음에서 건지세요. 중풍 병자는 병이 낫기를 원했어요. 그런데 예수님은 육체적 질병만 고치신 것이 아니에요. 그보다 훨씬 더 중요한 일을 먼저 하셨지요. 예수님은 먼저 중풍 병자의 죄를 용서하시고, 그다음 병을 고쳐 주셨어요. 중풍 병자는 병이 나아 자유롭게 움직일 수 있게 되기를 간절히 소망했을 거예요. 건강을 회복하는 것은 이 땅에서 사는 동안 유익하지만, 죄를 용서받는 것은 영원히 유익한 일이에요. 예수님은 그가 받아야 하는 죄의 벌을 대신 받기 위해 죽으실 것이고, 그 결과 그는 하나님과 영원히 함께 살게 될 거예요. 예수님은 하나님이시기 때문에 병을 치료하고 죄를 용서할 능력과 권한이 있어요. 예수님은 자신을 믿는 사람의 죄를 용서하세요.

 복음 초청

성경과 71쪽 복음 초청 가이드를 이용해서 아이들에게 그리스도인이 되는 법을 설명해 준다. 따로 상담해 줄 사람을 정해 주고 궁금한 점이 있으면 물어보도록 격려한다.

이 시간 예수님을 마음에 모시고 싶은 친구는 함께 기도해요.

기도

하나님, 예수님을 보내 주셔서 감사합니다. 예수님의 집에 있던 사람들처럼 우리도 성자 예수님의 권능을 찬양합니다. 우리 아픔을 치료하시고 구원하시는 예수님만을 바라봅니다. 하나님이 우리 모두에게 구원의 손길을 주신다는 것을 믿습니다. 예수님의 이름으로 기도합니다. 아멘.

적용

TIP 설교 도입이나 적용으로 활용하거나 영상을 본 뒤 소그룹으로 나누어 풍성한 대화를 이어 갈 수 있습니다.

적용 예화 영상(지도자용 팩)을 보여 준 후, 다음의 질문으로 이야기를 나눈다.

1 넬은 어떤 도움이 필요했나요?

2 도움이 필요한 친구를 도와준 적이 있나요? 친구들에게 가장 필요한 것은 무엇일까요?

3 성경 이야기에서 중풍 병자는 예수님께 어떤 도움을 받아야 했나요? (몸과 영혼의 고침)

4 어떻게 하면 친구들을 예수님께 데려갈 수 있을까요? (교회로 초대한다, 복음을 전한다, 친구와 함께 기도하거나 친구를 위해 기도한다, 친구를 사랑한다, 친구와 함께 성경을 읽는다 등)

친구를 예수님께 데려간 네 사람에게는 믿음이 있었어요. 그들은 예수님이 병들어 걷지 못하는 친구를 도와주실 것이라고 믿었어요. 친구를 돕는 것은 힘든 일이었지만, 그들은 어떻게든 예수님께 데려가기로 굳게 마음먹었어요. 하나님은 우리가 친구들을 예수님께 데려오기를 바라세요. 예수님은 병을 고치시고 죄를 용서하실 능력과 권한이 있어요. 도움이 필요한 친구를 도울 준비가 되었나요?

가스펠 소그룹
(10~20분)

 ## 나침반

단원 암송 콜라주 _______________

"내 영혼아 여호와를 송축하며 그의 모든 은택을 잊지 말지어다 그가 네 모든 죄악을 사하시며 네 모든 병을 고치시며"(시 103:2~3).

준비물 **3단원 암송**(134쪽 또는 지도자용 팩)**, 접착테이프, 잡지, 가위, 풀**

① 3단원 암송을 크게 출력해 예배실 벽에 붙여 둔다.

② 아이들을 4팀으로 나누고, 암송 구절을 4부분으로 나누어 각 팀에 하나씩 배정해 준다.

③ 아이들에게 준비물을 나누어 주고, 자기 팀이 맡은 부분의 글자를 잡지에서 찾아 오려서 종이에 붙이라고 한다.

④ 콜라주를 완성하면 순서대로 돌아가며 암송 구절을 큰 소리로 읽게 한다.

— 오늘 성경 이야기를 들으면서 시편 103편 2~3절 말씀이 사실이라는 것을 알았어요. **예수님은 중풍 병자를 고치시고 그의 죄를 용서하셨어요.** 예수님은 예수님이 이 땅에 계셨을 때에만 사람들을 고치신 것이 아니라 지금도 우리를 고쳐 주세요. **예수님은 사람들의 어떤 문제를 해결해 주시나요? 예수님은 사람들의 병을 고치시고, 죄를 용서하시고, 죽음에서 건지세요.** 우리가 이 땅에 사는 동안 걸리는 모든 병을 예수님이 다 고쳐 주시는 것은 아니에요. 하지만 예수님이 다시 오실 때 모든 것을 바로잡으실 것이라고 믿어요.

보물 지도

친구를 데리고 _______________

준비물 **성경, 방석 또는 무릎 담요**(팀당 한 개씩)

① 아이들을 5명이 한 팀이 되게 한다. 인도자는 아이들과 5m 이상 떨어진 곳에 선다.

② 인도자가 질문을 하면, 답을 아는 팀은 한 명이 방석에 앉고 나머지 아이들이 네 귀퉁이를 잡고 끌어 인도자 앞으로 오라고 한다.

③ 먼저 도착한 팀의 방석에 앉은 아이가 정답을 맞히면 팀이 1점을 얻는다. 맞히지 못하면 다른 팀에 기회를 준다.

④ 아이들이 질문마다 돌아가며 방석에 앉아 답을 맞히라고 한다.

1 예수님이 어느 도시에 계실 때 사람들이 말씀을 들으러 몰려왔나요?

가버나움 (막 2:1)

2 예수님이 말씀을 전하시던 집은 얼마나 붐볐나요?

문 앞까지 들어설 자리가 없었다 (막 2:2)

3 몇 사람이 중풍에 걸린 친구를 예수님께 데려왔나요?

4명 (막 2:3)

4 친구들은 어떻게 중풍 병자를 예수님과 만나게 해 주었나요?

예수님이 계신 곳의 지붕을 뜯어내고 중풍 병자를 들것에 실어 예수님 앞으로 달아 내렸다 (막 2:4)

5 예수님은 네 친구에게서 무엇을 보셨나요?

믿음 (막 2:5)

6 예수님이 중풍 병자에게 처음 하신 말씀은 무엇인가요?

"네 죄 사함을 받았느니라" (막 2:5)

7 종교 지도자들은 예수님이 어떤 죄를 짓고 있다고 생각했나요?

신성모독 또는 하나님을 모독한다고 생각했다 (막 2:6~7)

8 예수님은 중풍 병자에게 어떻게 하라고 말씀하셨나요?

"일어나 네 상을 가지고 집으로 가라" (막 2:11)

9 이 모습을 본 사람들의 반응은 어땠나요?

모두 놀라 하나님께 영광을 돌렸다 (막 2:12)

10 예수님은 사람들의 어떤 문제를 해결해 주시나요?

예수님은 사람들의 병을 고치시고, 죄를 용서하시고, 죽음에서 건지세요.

— 모두 정말 잘했어요! 구약성경에서 하나님은 자신을 치료하는 하나님으로 표현하셨어요(출 15:26 참조). 오늘 성경 이야기에서 **예수님은 중풍 병자를 고치시고 그의 죄를 용서하셨어요.** 예수님은 하나님의 아들이세요. 사람들의 아픈 몸을 고칠 뿐 아니라, 죄를 용서하셔서 사람들의 영혼까지 고치실 분은 오직 예수님뿐이에요.

 ## 탐험하기

가스펠 프로젝트 _______________

준비물 **학생용 교재 40쪽, 55쪽 게임 말과 가위바위보 팻말, 연필**

① 연대표 빈칸에 가스펠 프로젝트의 제목을 쓰게 한다.

② 55쪽의 게임 말과 가위바위보 팻말을 오려 사용한다.

③ 가위바위보 팻말로 가위바위보 게임을 한다. 이긴 아이는 팬말에 적힌 대로 이동해 연대표를 따라가 보게 한다.

④ 연대표 중심에 누가 있는지 확인하게 한다.

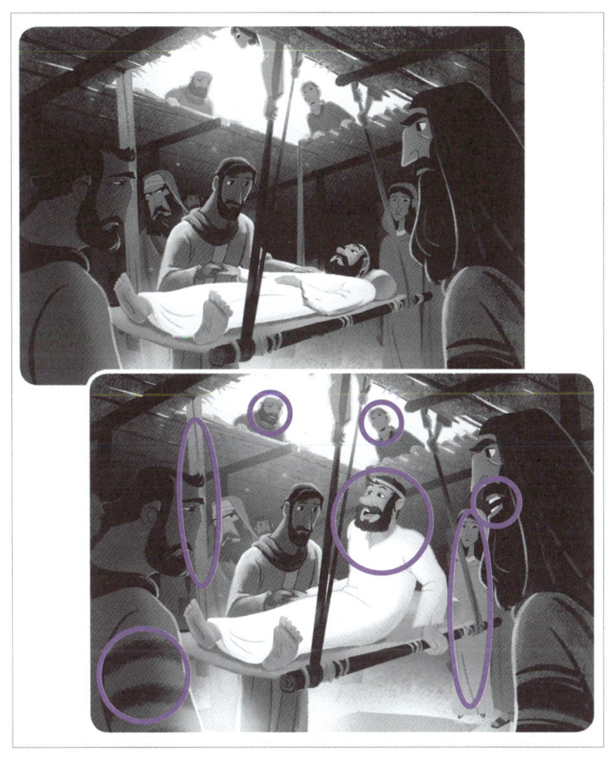

오늘 성경 이야기에서 **예수님은 중풍 병자를 고치시고 그의 죄를 용서하셨어요.** 세상에 아프지 않고 사는 사람은 없어요. 우리의 질병과 고통은 죄 때문에 생겨난 것이에요. 병원에서 고칠 수 있는 질병도 있지만, 예수님을 믿으면 우리의 죄와 죽음과 질병은 단번에 영원히 없어져요. **예수님은 사람들의 어떤 문제를 해결해 주시나요? 예수님은 사람들의 병을 고치시고, 죄를 용서하시고, 죽음에서 건지세요.**

중풍 병자와 네 친구

준비물 **학생용 교재 41쪽, 연필**

아이들에게 두 그림을 잘 살펴보고 서로 다른 부분 7곳을 찾아 ○표 하라고 한다.

예수님은 중풍 병자를 고치고 그의 죄를 용서하셨어요. 하나님의 아늘이신 예수님은 우리 눈에 보이지 않는 죄를 보시고 깨끗하게 하셨고, 그런 후 일어나 걸으라고 말씀하셨어요. 종교 지도자들은 그 말을 듣고 화가 났어요. 죄를 용서할 수 있는 분은 오직 하나님뿐인데, 그들은 예수님이 하나님이신 것을 믿지 않았기 때문이에요. 하지만 예수님은 중풍 병자의 죄를 깨끗하게 하시고 그의 병을 고쳐 주셨어요.

무엇이 더 쉬울까? ★

준비물 **색인 카드, 연필**

① 아이들에게 연필과 색인 카드를 나누어 준다.

② 아이들이 할 수 있는 일을 색인 카드에 하나씩 쓰게 한다. (자전거 타기, 케이크 굽기 등)

③ 인도자 카드에 '중풍 병자 고치기', '죄 용서하기'라고 각각 써 둔다.

④ 아이들이 쓴 카드를 모아 섞은 뒤, 2장을 뽑아 읽으며 둘 중 어느 것이 더 쉬울 것 같은지 물어본다.

⑤ 왜 그렇게 생각하는지 이유도 말해 보게 한다.

오늘 성경 이야기에서 예수님은 중풍 병자에게 "네 죄가 용서받았다"라고 말씀하셨어요. 이에 화가 난 종교 지도자들에게 예수님은 "네 죄가 용서받았다'는 말과 '일어나 자리를 들고 걸어가거라'는 말 중 어떤 말이 더 쉽겠느냐"라고 물으셨어요. 종교 지도자들은 '네 죄가 용서받았다'라고 말하는 것이 더 쉽다고 생각했을지도 몰라요. 왜냐하면, 죄를 용서받았는지 아닌지는 눈에 보이지 않으니까요. 예수님은 중풍에 걸린 사람의 병을 고치심으로 예수님에게 병을 고치는 능력과 죄를 사하는 능력이 있다는 것을 보여 주셨어요. 예수님이 중풍 병자의 죄를 용서하실 수 있었던 것은 예수님이 십자가를 지시고 모든 사람의 죗값을 대신 치르실 것이기 때문이었어요. 어느 누구도 할 수 없는, 오직 예수님만이 하실 수 있는 일이었지요. 죽으시고 부활하신 예수님을 믿는 사람은 모두 죄 용서와 영원한 생명을 얻게 되어요.

 ## 보물 상자

나만의 기록장

준비물 학생용 교재 42쪽, 연필

① 아이들에게 친구의 이름을 쓴 뒤, 한 주 동안 그 친구를 위해 기도할 내용을 써 보라고 한다.

② 우리는 다양한 방법으로 친구를 도울 수 있지만, 그중에 가장 좋은 방법은 친구를 예수님께 데려오는 것이라는 점을 떠올려 준다. ── 만약 중풍 병자에게 이 친구들이 없었다면 그의 죄와 병은 해결되지 못했을 거예요. 예수님께 갈 방법이 없었기 때문이지요. 하지만 그에게는 4명의 친구가 있었고, 그 친구들은 아픈 친구를 예수님께 인도했어요. 우리는 예수님을 믿어요. 이제 우리의 죄와 죽음의 문제는 해결되었지요. 하지만 주변에 있는 친구들을 생각해 보세요. 아직 예수님을 몰라 죄와 죽음과 질병에 갇힌 친구들이 있을 거예요. 그들을 위해 우리가 할 수 있는 일은 중풍 병자의 친구들처럼 그들을 예수님께 데려오는 거예요. 그들이 예수님을 만나 죄와 죽음과 질병의 문제를 해결받고 참 기쁨을 누리도록 도와줄 수 있어요. 한 주 동안 중풍 병자의 친구들과 같은 마음을 품고 복음 전하기에 힘쓰면 좋겠어요.

메시지 카드

이번 주 메시지 카드로 부모님과 함께 오늘 배운 성경 이야기를 나누어 보라고 한다.

기도

하나님, 우리의 가장 큰 필요를 채우고 우리를 고치기 위해 예수님을 이 땅에 보내 주셔서 감사합니다. 사람들이 예수님을 바라볼 수 있도록 도와주는 좋은 친구가 되길 원합니다. 다른 사람들에게 하나님의 사랑을 보여 주는 우리가 되도록 성령님 함께해 주세요. 예수님의 이름으로 기도합니다. 아멘.

주일학교에서 복음을 전할 때

모든 어린이 사역에서 최우선이 되어야 할 과제는 아이들이 하나님과 예수님, 그리고 성경에 대해 배울 수 있는 환경을 조성하는 것입니다.

우리는 아이들이 주님과 인격적인 관계를 형성하기를 바랍니다. 이를 위해서는 무엇이 '우리의 일'이고 무엇이 '하나님의 일'인지 기억해야 합니다. 누군가를 '구원' 하는 것은 우리 일이 아닙니다. 그렇지만 하나님은 우리가 구원에 이르게 하는 기초를 닦고, 복음의 씨앗을 심으며, 아이들이 하나님이 정하신 때에 예수님을 따르는 법과 '영원한 하나님의 가족'이 되는 법을 배울 수 있도록 하려고 우리를 부르셨습니다.

아이들이 예수님을 주님으로 영접할 수 있도록 우리가 할 수 있는 일들은 다음과 같습니다.

1대 1 상담 준비를 하십시오

그리스도인이 되는 것에 대해 질문하는 아이들과 개별적으로 상담할 준비가 되어 있어야 합니다. 그룹 상담은 가능한 피하십시오. 그룹으로 상담을 하면 말하기 좋아하는 아이들만 말을 하고 나머지 아이들은 다른 사람의 말에 그저 동의만 하다가 끝나기 마련입니다.

'응답 카드'를 준비하십시오

소그룹이나 대그룹에서 '결단의 시간'을 가질 때 '응답 카드'를 사용하십시오. 다음과 같은 대답에 표시한 아이들에게는 개별적인 후속 조치가 필요합니다.

☑ 누군가와 이야기하고 싶다

☑ 누군가와 기도하고 싶다

☑ 그리스도인이 되기 위한 정보를 더 얻고 싶다

그리스도인이 되는 것에 대해 더 알고 싶은 아이들에게 손을 들라고 하는 등의 공개적인 응답과 반응을 요구하지 마십시오. 또래 집단의 압박 때문에 거짓 반응을 보일 수 있습니다.

항상 상담이 가능하다고 알려 주십시오

무슨 일이든, 특히 예수님에 대해 더 알고 싶을 때에는 상담을 요청하라고 지속적으로 알려 주십시오. 그리고 실제로 상담을 할 수 있도록 일정을 여유롭게 잡아두기 바랍니다. 쉽게 다가갈 수 있는 사람이 되십시오! 아이들은 편한 관계가 형성된 사람을 더 신뢰합니다. 너무 엄격하거나 교육 과정 외에 시간을 내지 않는 사람에게는 편하게 다가가지 못합니다.

제리 보겔(Jerry Vogel)은 라이프웨이키즈(LifeWay Kids)에서 어린이 사역 전문가로 일했습니다.
제리는 댈러스침례대학(Dallas Baptist University)을 졸업하고 40년간 라이프웨이와 지역 교회에서 아이들을 가르치는 사람들의 삶을 풍성하게 하는 것과 아이들의 삶에 영원한 투자를 하는 것에 헌신하고 있습니다.

11 예수님이 귀신 들린 사람을 고치셨어요

막 5:1~20

예수님에게는 적이 있었습니다. 예수님의 공적인 사역이 한창일 때, 종교 지도자들은 예수님을 죽일 음모를 꾸몄습니다(막 3:6 참조). 어느 날 예수님은 갈릴리 호수 동쪽에 있는 이방인들이 사는 땅으로 가셨습니다. 예수님의 이방인 사역은 유대인들이 예수님을 거부한 뒤에 결정하신 차선책이 아니었습니다. 시므온이라는 사람은 아기 예수님을 안고 예수님의 사역이 유대인과 이방인을 포함한 모든 사람을 위한 것이 될 것이라고 예언했습니다(눅 2:30~32 참조).

그 땅에는 예수님의 도움이 필요한 사람이 있었습니다. 귀신이 들려 큰 고통을 받는 사람이었습니다. 사람들이 쇠사슬로 묶어 제어하려고 했지만, 그는 쇠사슬을 끊어 버릴 정도로 힘이 셌습니다. 그는 혼자 무덤 사이에서 살며 밤낮으로 소리를 질렀습니다.

예수님이 배에서 내리시자 귀신 들린 사람이 달려와 엎드렸습니다. 예수님은 귀신에게 그 사람에게서 나오라고 명령하셨습니다. 그 사람 안에는 귀신이 많이 있었는데, 예수님은 그들이 돼지 떼에 들어가도 좋다고 허락하셨습니다. 귀신들이 나와 돼지 떼에 들어가자, 귀신 들렸던 사람이 온전하게 나았습니다.

고침을 받은 사람은 예수님과 함께 다니고 싶었지만, 예수님은 그에게 집으로 돌아가 예수님이 그를 위해 하신 일을 사람들에게 전하라고 말씀하셨습니다. 그는 예수님께 순종했습니다. 그 지역의 도시를 돌아다니며 예수님이 베푸신 긍휼에 대해 증언했고, 이 모습을 본 많은 이방인이 놀라워했습니다.

예수님은 선과 악, 모든 것의 왕이십니다. 예수님은 이렇게 가르치셨습니다. "그러나 내가 하나님의 성령을 힘입어 귀신을 쫓아내는 것이면 하나님의 나라가 이미 너희에게 임하였느니라"(마 12:28). 성경과 예수님은 사탄이 존재하는 것과 그가 하나님과 하나님의 목적에 반대한다는 것을 명확히 하고 있습니다.

● ● 티칭 포인트

예수님은 십자가에서 죽으심으로 마귀를 멸하기 위해 이 땅에 오셨습니다. 그리고 승리하셨습니다. 오늘날에도 선과 악의 전투가 계속되고 있지만, 그 결과는 이미 정해져 있습니다. 예수님이 이기십니다. 언젠가 예수님은 악을 영원히 끝내실 것입니다. 아이들이 예수님이 승리하실 것을 믿고 기뻐할 수 있도록 인도해 주십시오.

주 제

악을 이길 능력은 오직 예수님께만 있어요.

가스펠 링크

예수님은 사람들을 악의 권세에서 풀어 주려고 이 땅에 오셨어요. 하나님이 정하신 때가 되면 예수님이 악을 영원히 끝내실 거예요.

예수님이 귀신 들린 사람을 고치셨어요 막 5:1~20

어느 날 예수님은 제자들과 배를 타고 갈릴리 호수를 건너 거라사 지방으로 가셨어요. 예수님이 배에서 내리시자 한 사람이 나아왔어요. 그는 무덤으로 사용하는 동굴들 사이에서 살고 있었어요.

그에게는 문제가 있었어요. 귀신이 그 사람 속에 들어가 몸에 상처를 내게 하며 괴롭히고 있었어요. 사람들이 쇠사슬과 쇠고랑으로 묶으려고 했지만, 그럴 때마다 그는 쇠사슬을 끊고 쇠고랑을 부수었어요. 아무도 그의 힘을 당해 낼 수 없었지요.

귀신 들린 사람은 예수님이 오시는 것을 보고 달려가 예수님 앞에 무릎을 꿇었어요. 예수님은 귀신에게 "더러운 귀신아, 그 사람에게서 나오너라!"라고 명령하셨어요. 그러자 귀신 들린 사람은 크게 소리 질렀고, 귀신이 그를 통해 말했어요. "가장 높으신 하나님의 아들 예수님, 당신이 저와 무슨 상관이 있습니까? 제발 부탁이니 저를 괴롭히지 마십시오!"

예수님이 "네 이름이 무엇이냐?"라고 귀신에게 물으셨어요.

귀신은 "군대입니다. 우리 수가 많기 때문입니다"라고 대답했어요. 귀신들은 제발 자기들을 그 지방에서 쫓아내지 말라고 예수님께 간청했어요.

근처 언덕에 돼지 한 무리가 먹이를 먹고 있었어요. 귀신들은 "우리를 내보내시려거든 저 돼지 떼에 들어가게 해 주십시오"라고 말했어요. 예수님은 귀신들이 그에게서 나와 돼지 떼에 들어가도록 허락하셨어요. 그러자 2천 마리나 되는 돼지가 언덕을 뛰어 내려 호수에 빠져 죽었어요.

돼지를 치던 사람들은 달아나 마을과 그 근처 사람들에게 예수님이 하신 일을 알렸어요. 사람들이 예수님을 만나러 왔다가 무덤가에 살던 사람을 보았어요. 귀신이 떠난 그는 이제 옷을 제대로 입고 행동도 정상적이었어요. 사람들은 겁이 나서 예수님께 떠나 달라고 부탁했어요.

예수님이 배에 오르시자 귀신 들렸던 사람이 예수님을 따라가게 해 달라고 간청했어요. 하지만 예수님은 허락하지 않으시고 이렇게 말씀하셨어요. "네 친구와 가족에게 돌아가라. 주께서 네게 얼마나 큰일을 해 주셨는지, 어떻게 긍휼을 베푸셨는지 가족들에게 말해 주어라." 그는 예수님의 말씀에 순종했어요. 그 지역의 사람에게 예수님이 자기를 위해 하신 일을 이야기했어요. 이야기를 들은 사람들은 모두 놀랐어요.

● ● 가스펠 링크

아무도 귀신 들린 사람을 다스릴 수 없었어요. 악을 이길 능력은 오직 예수님께만 있어요. 예수님은 그 능력으로 귀신 들린 사람에게 자유를 주셨어요. 예수님이 모든 것을 다스리세요. 예수님은 사람들을 악의 권세에서 풀어 주려고 이 땅에 오셨어요. 하나님이 정하신 때가 되면 예수님이 악을 영원히 끝내실 거예요.

가스펠 준비
(10~20분)

 ## 환영

도착하는 아이들을 반갑게 맞이하고 헌금, 출석, QT 등을 확인하며 격려한다. 새 친구가 있다면 소개한다. 편안한 분위기에서 안부를 물으며 오늘의 말씀과 관련된 화제로 이야기를 나눈다. 아이들에게 큰일을 당한 적이 있는지 물어본다. 자발적으로 대화에 참여하도록 이끈다.

예) "큰일을 당한 적이 있나요?", "어떤 일이었나요?", "큰일을 당했을 때 도와줄 사람이 있었나요?" 등.

〰〰〰 큰일을 당했을 때 마음이 어땠나요? 누군가 도와주었으면 좋겠다고 생각하거나 너무 힘들어 포기하고 싶었을 수도 있어요. 오늘 성경 이야기에 나오는 사람은 그를 도와줄 사람이 필요했어요. 누군가의 도움이 간절했지요. 하지만 아무도 그를 도울 수 없었어요. 그런 그에게 누군가 도움의 손길을 내밀었어요. 누가 이 사람을 도와주었는지 함께 알아보아요.

 ## 마음 열기

동물 맞추기 *

`준비물` **색인 카드**(인원수대로)**, 펜, 스톱워치**

① 색인 카드에 다양한 동물의 이름을 각각 써 둔다. 카드 몇 장에는 '돼지'라고 쓴다.

② 아이들을 2팀으로 나누고, 각 팀에서 한 명씩 나오게 한다.

③ 카드를 한 장 고르게 하고, 카드에 적힌 동물을 단어 3개로 설명하라고 한다.

예) 돼지 : "분홍색", "농장", "꿀꿀"

④ 같은 팀의 아이들이 30초 안에 동물의 이름을 맞히면 1점을 주고, 맞히지 못하면 다른 팀에 기회를 준다.

⑤ 모두 정답을 맞히지 못하면 2팀에 한 번 더 기회를 주고, 문제를 내는 아이에게 4번째 힌트를 주게 한다.

⑥ 모든 아이에게 기회가 돌아갈 때까지 놀이를 계속한다.

〰〰〰 설명을 정말 잘했어요! 여러 번 나온 동물은 무엇인가요? (돼지) 오늘 성경 이야기에는 돼지 떼가 등장해요. 수백 마리, 아니 수천 마리였지요. 예수님이 어떤 사람을 고쳐 주신 이야기에 왜 돼지가 나올까요? 함께 성경 이야기 속으로 들어가 보아요.

무엇이 달라졌지? *

`준비물` **스톱워치 또는 시계**

① 아이들을 2명씩 짝을 짓고, 서로 마주보고 서게 한다

② 아이들에게 30초 동안 짝의 머리나 옷 등 외모를 꼼꼼하게 살펴보라고 한다.

③ 시간이 되면 짝과 등을 맞대고 서게 한 뒤, 30초 동안 자기 외모 중 잘 알아볼 수 있는 한 부분에 변화를 주라고 한다.

예) 신발 끈 풀기, 안경 벗기, 주머니 뒤집기, 반지 빼기, 양말 말아 내리기, 옷깃 세우기 등.

④ 다시 짝과 마주보고 서로의 어떤 점이 달라졌는지 찾으라고 한다.

⑤ 정해진 시간 안에서 짝을 바꾸어 놀이를 반복한다.

〰〰〰 오늘 성경 이야기에는 귀신 들린 한 사람이 나와요. 하지만 예수님을 만난 후 그는 완전히 달라졌어요! 과연 어떻게 달라졌을지 궁금하지 않나요? 함께 알아보기로 해요.

교사를 위한 기록장 이 과를 준비하면서 깨닫게 된 묵상을 정리해 보세요.

· 하나님이나 나에 대해 새롭게 알게 된 것은?

· 기억하고 싶은 하나님의 약속은?

· 아이들에게 전하고 싶은 메시지는?

가스펠 설교
(15~30분)

 ## 들어가기

준비물 **응급구조사 복장**(주황색 셔츠, 검은색 바지), **라텍스 장갑, 무전기, 종이가 끼워진 클립보드**

응급구조사 복장을 하고 라텍스 장갑을 끼고 들어온다. 한 손에는 무전기를, 다른 손에는 클립보드를 들고 있다.

무전기에 대고 말한다. 네, 9에서 10 정도로 해 주세요. 오케이, 코드 4, 오버. 무전기를 끄고 아이들에게 말한다.

안녕하세요, 여러분! 만나서 반가워요! 오늘 저는 응급구조사로 지금 막 교대 근무를 마쳤어요. 응급구조사가 어떤 일을 하는지 알고 있나요? 응급구조사는 사고가 일어난 현장이면 어디든지 달려가 응급처치를 하도록 훈련받은 의료 전문가예요. 저는 긴 교대 근무가 끝난 뒤에 성경 읽는 것이 정말 좋아요. 성경을 읽다 보면 제가 일을 하면서 만나는 모든 상황을 하나님이 다스리신다는 사실을 알게 되거든요. 일이 제 뜻대로 안 될 때조차 하나님은 선하시고 우리를 사랑하신다는 것을 믿을 수 있어요. 하나님이 사람들을 죄에서 구하기 위해 하나님의 아들을 보내신 것이 바로 그 증거이지요. 오늘 성경 이야기에서 예수님은 예수님이 필요한 사람들을 돕기 위해 들판으로 나가셨어요. 어떻게 보면 예수님도 응급구조사라고 말할 수 있겠네요!

연대표

예수님이 중풍 병자를 고치셨어요

예수님이 여인을 고치시고 소녀를 살리셨어요

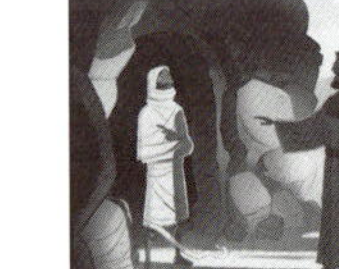
예수님이 나사로를 살리셨어요

예수님이 귀신 들린 사람을 고치셨어요

지난주 우리는 예수님이 중풍 병자를 고치시고 그의 죄를 용

서하신 이야기를 들었어요. 연대표에서 오늘의 성경 이야기를 가리킨다. 이번 주 성경 이야기의 제목은 "예수님이 귀신 들린 사람을 고치셨어요"예요. 신약성경의 마가복음에 나온답니다. 이제 함께 이야기를 들어 볼까요?

 ## 성경의 초점

예수님은 이 땅에 계시는 동안 많은 사람과 함께 시간을 보내셨어요. 사람들에게 이야기를 들려주시고, 기적을 행하기도 하셨지요. 병든 사람들을 고쳐 주기도 하셨어요. 지난주에 배운 '성경의 초점' 질문과 답을 기억하나요? **"예수님은 사람들의 어떤 문제를 해결해 주시나요? 예수님은 사람들의 병을 고치시고, 죄를 용서하시고, 죽음에서 건지세요"**였어요. 이것을 기억하며 이번 주 성경 이야기도 들어 보세요.

 ## 성경 이야기

마가복음 5장을 펴고, 설교 영상(지도자용 팩)을 보여 주거나 이야기 성경을 들려준다. 아이들에게 이야기를 듣다가 '귀신'이라는 단어가 나올 때마다 "우~!", "쉿~!" 등의 소리를 내거나 발을 굴러 보게 한다.

갈릴리 호수 건너편에 거라사라는 지방이 있었어요. 그곳은 유대인들이 사는 곳이 아니었어요. 예수님이 어느 날 배를 타고 거라사 지방으로 가셨어요. 그런데 배에서 내리자마자 한 사람이 달려왔어요. 그는 힘겨운 삶을 살고 있었어요. 귀신이 들려 자기 자신과 남을 헤치며 고통을 겪고 있었지요. 사람들이 그를 제어해 보려고 해도 그 사람 안에 있는 귀신의 힘이 너무 강해서 어떻게 할 수가 없었어요. 그래서 그는 혼자 무덤가에서 살았답니다.

예수님이 귀신에게 그 사람에게서 나오라고 명령하셨어요. 귀신은 예수님을 두려워했어요. "지극히 높으신 하나님의 아들 예수님, 당신이 저와 무슨 상관이 있습니까?"라고 말하며 자신과 다른 귀신들을 쫓아내지 말아 달라고 간청했어요. 그러고는 옆에서 먹이를 먹고 있던 돼지들에게 들어가게 해 달라고 간구했어요. 예수님은 귀신들이 돼지 떼에 들어가도록 허락하셨어요.

귀신들은 그에게서 나와 수많은 돼지에게 들어갔어요. 그랬더니 2천 마리나 되는 돼지가 언덕을 뛰어내려 호수에 빠졌어요! 돼지들은 모두 죽어 버렸어요.

돼지를 치던 사람들이 이 광경을 보고 달아나 사람들에게 이 일을 전했어요. 사람들이 와 보니 전에 귀신 들렸던 사람이 온전한 정신이 되어 있었어요. 예수님이 놀라운 능력으로 그를 악한 귀신에게서 풀어 주신 거예요. 예수님은 선한 것과 악한 것 모두를 다스리세요. 온전해진 사람은 예수님을 따라가고 싶었어요. 하지만 예수님은 그에게 어떻게 말씀하셨나요? 아이들의 대답을 기다린다. 맞아요. 집으로 돌아가 주님이 자신을 도우신 이야기를 모든 사람에게 전하라고 하셨어요.

가스펠 링크

예수님이 귀신 들린 사람을 고치셨어요. 아무도 귀신 들린 사람을 다스릴 수 없었어요. **악을 이길 능력은 오직 예수님께만 있어요.** 예수님은 그 능력으로 귀신 들린 사람에게 자유를 주셨어요. 예수님이 모든 것을 다스리세요. 예수님은 사람들을 악의 권세에서 풀어 주려고 이 땅에 오셨어요. 하나님이 정하신 때가 되면 예수님이 악을 영원히 끝내실 거예요.

찬양

나사로야 나오라

눈 먼 자 보게 하고 앉은 자 일어서게 하며
죽은 자 다시 살리시는 내 주님
연약한 내 영혼 죽었던 내 삶 속에
살아 숨 쉬게 하시는 생명을 주소서

다시 살아나네 죽었던 나 자유함 얻네
묶였던 나의 삶은 이제 없네
주 믿는 믿음은 새로운 삶을 주네
이제 내가 사는 것 아닌 내 안에 주시라

나사로야 나오라 나사로야 나오라
죽은 자를 살리신 그 음성 들으라
나사로야 나오라 나사로야 나오라
주를 신뢰함으로 용서함 얻어 주 같이 되겠네.

복음 초청

성경과 71쪽 복음 초청 가이드를 이용해서 아이들에게 그리스도인이 되는 법을 설명해 준다. 따로 상담해 줄 사람을 정해 주고 궁금한 점이 있으면 물어보도록 격려한다.

이 시간 예수님을 마음에 모시고 싶은 친구는 함께 기도해요.

기도

하나님, 하나뿐인 아들 예수님을 우리에게 보내 주셔서 감사합니다. 우리의 죄와 죽음에서 건지시고 질병을 치료하시는 예수님을 찬양합니다. 언제 어디서나 하나님의 일을 하며 하나님께 영광 돌리는 우리가 되도록 인도해 주세요. 예수님의 이름으로 기도합니다. 아멘.

적용

TIP 설교 도입이나 적용으로 활용하거나 영상을 본 뒤 소그룹으로 나누어 풍성한 대화를 이어 갈 수 있습니다.

어둠이 무서웠던 적이 있나요? 성경은 죄와 악을 어둠으로, 예수님을 빛으로 표현해요.

 적용 예화 영상(지도자용 팩)을 보여 준 후, 다음의 질문으로 이야기를 나눈다.

1 겁이 난 적이 있나요? 그때 어떻게 했나요?

2 악을 대할 때 우리는 어떻게 할 수 있나요?

3 악한 권세의 위협을 느낄 때 우리는 이 성경 이야기를 떠올리며 소망과 자신감을 얻을 수 있나요?

세상에는 악이 존재해요. 악은 하나님이 만드신 것이 아니에요. 우리는 겁이 날 때 하나님을 바라볼 수 있어요. **악을 이길 능력은 오직 예수님께만 있어요.** 예수님은 어두운 세상의 빛이에요. 모든 악은 예수님의 발 아래 있어요(고전 15:25~28 참조). 하나님이 정하신 때가 되면 예수님이 악을 영원히 끝내실 거예요. 예수님은 자신을 믿는 사람들을 죄와 죽음에서 자유롭게 해 주세요.

 나침반

단원 암송 학습

준비물 3단원 암송(134쪽)

① 아이들에게 3단원 암송 구절을 보여 주고, 함께 큰 소리로 여러 번 읽는다.

② 단원 암송을 가리고, 인도자가 한두 어절을 말한 뒤 멈춘다.

③ 아이들에게 다음에 나올 어절을 말해 보라고 한다.

④ 정해진 시간 안에서 암송 구절을 보지 않고 말하기를 반복한다.

—— 오늘 성경 이야기에서 예수님은 귀신 들린 사람을 고치셨어요. 시편 103편 2~3절은 예수님이 우리를 고치시는 분이라고 말해요. **예수님은 사람들의 어떤 문제를 해결해 주시나요? 예수님은 사람들의 병을 고치시고, 죄를 용서하시고, 죽음에서 건지세요.** 성경에 나오는 사람들처럼 우리도 예수님께 우리를 병과 죄와 죽음에서 구원해 달라고 부탁할 수 있어요.

 보물 지도

이야기 고리

준비물 '복습 질문 쪽지'(지도자용 팩), 종이, 가위, 풀, 성경

① '복습 질문 쪽지'를 출력해 자른다. 빈 종이를 '복습 질문 쪽지'와 같은 크기로 잘라 20개 정도 만든 후 모두 봉투에 담아 둔다.

② 아이들을 2팀으로 나누고, 각 팀에서 한 명씩 나와 봉투에서 종이를 하나씩 뽑으라고 한다.

③ 질문이 적힌 종이를 뽑으면 질문에 대한 답을 말하게 하고, 정답을 맞히면 뽑은 종이를 둥글게 말아 고리를 만들게 한다. 정답을 맞히지 못하면 종이를 다시 봉투에 넣게 하고 다른 팀에 기회를 준다.

④ 빈 종이를 뽑았을 때는 바로 고리를 만들게 한다.

⑤ 더 많은 고리를 연결한 팀이 이긴다.

⑥ 아이들이 답을 잘 말하지 못하면 성경의 장과 절을 알려 주어 도움을 준다.

—— 예수님이 귀신 들린 사람을 고치셨어요. 귀신 들린 사람을 다스릴 능력은 오직 예수님에게만 있었어요. 쇠사슬로도 그의 힘을 제어할 수 없었지요. **악을 이길 능력은 오직 예수님께만 있어요.** 사실 예수님에게는 모든 것을 이길 능력이 있어요. 예수님은 사람들을 악의 권세에서 풀어 주려고

이 땅에 오셨어요. 하나님이 정하신 때가 되면 예수님이 악을 영원히 끝내실 거예요.

 탐험하기

그 사람 속에는

준비물 학생용 교재 44쪽, 연필

보기에 있는 단어 10개를 자모음판에서 모두 찾아 ◯표 하라고 한다.

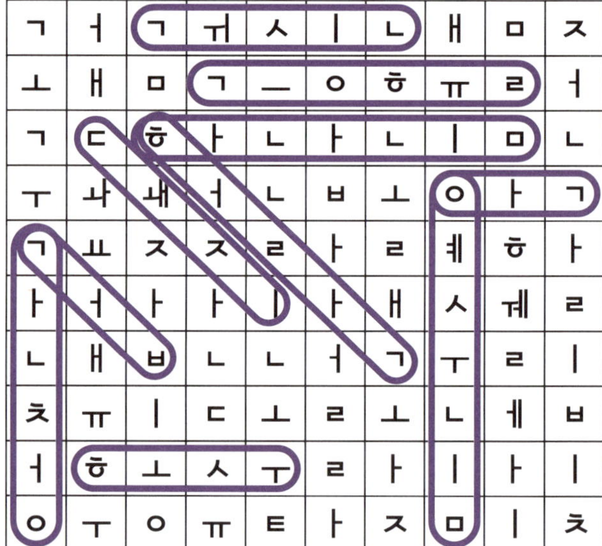

| 보기 | 예수님, 간청, 호수, 돼지, 하나님, 귀신, 허락, 긍휼, 겁, 악 |

—— 귀신 들린 사람은 예수님을 보자마자 달려왔어요. 예수님은 귀신 들린 사람을 고치셨어요. 예수님에게는 모든 것을 이길 능력이 있어요. 예수님은 사람들을 악의 권세에서 풀어 주려고 이 땅에 오셨어요. 하나님이 정하신 때가 되면 예수님이 악을 영원히 끝내실 거예요.

예수님의 능력

준비물 학생용 교재 45쪽, 연필

학생용 교재 44쪽 **보기** 의 단어들을 빈칸에 알맞게 넣어 이야기를 완성하게 한다.

예수님이 거라사 지방에 사는 한 사람을 만나셨어요. 그는 귀신 들린 사람이었어요. 예수님은 귀신에게 그 사람에게서 나오라고 명령하셨어요. 귀신들은 예수님께 자기들을 그 지역에서 쫓아내지 말아 달라고 간청했어요. 예수님은 귀신들이 그 사람에게서 나가 돼지 떼에 들어가도 좋다고 허락하셨어요. 돼지들은 언덕을 뛰어내려 호수에 빠져 죽었어요. 사람들은 겁이 나서 예수님께 그 지방을 떠나 달라고 부탁했어요. 예수님은 귀신 들렸던 사람에게 친구와 가족에게 가서 주님이 자기를 도우신 일을 전하라고 말씀하셨어요. 예수님이 귀신 들린 사람에게 자유를 주셨듯, 사람들을 악의 권세에서 풀어 주려고 이 땅에 오셨어요. 하나님이 정하신 때가 되면 예수님이 악을 영원히 끝내실 거예요.

조각가와 진흙 ★

준비물 스톱워치 또는 시계

① 아이들에게 2명씩 짝을 짓게 해, 한 명은 조각가이고 다른 한 명은 진흙이라고 말해 준다.

② 인도자가 문장을 읽으면, 조각가는 진흙을 조심스럽게 움직여 문장의 내용을 표현해야 한다고 말해 준다.

③ 먼저 규칙을 알려 준다.

1. 진흙은 손을 허리에 얹고 반듯하게 선다.

2. 조각가는 진흙을 조심스럽게 움직인다. 세게 움직여 진흙이 넘어지지 않도록 한다.

3. 얼굴은 직접 만지지 말고, 조각가가 먼저 표정을 지으면 진흙이 보고 따라하게 한다.

4. 말하지 않는다. 진흙은 말을 못하고 조각가의 말을 이해하지도 못한다.

5. 인도자는 조각가가 작업을 마무리하기 10초 전에 시간을 알려 준다.

④ 인도자가 표현할 문장을 말하고, 2분 동안 작업을 하게 한다.

예) · 파이를 통째로 먹어요.

· 곰을 피해 도망가요.

· 장기자랑 시간에 춤을 춰요.

· 인생에 대해 고민해요.

⑤ 작품이 완성되면 조각가에게 작품을 발표할 시간을 준다.

⑥ 역할을 바꾸어 놀이를 한 번 더 한다.

조각가가 됐을 때 진흙을 마음대로 움직여 작품을 만들 수 있었어요. 한편 진흙이 되어 다른 사람이 결정한 대로 움직일 때는 기분이 어땠나요? 아이들의 대답을 기다린다. 오늘 성경 이야기에 나온 사람은 자기 뜻대로 행동하지 못하고 다른 무언가의 조종을 받았어요. 예수님이 귀신 들린 사람을 고치셨어요. 예수님을 모르는 사람은 죄의 조종을 받게 되어요. 죄는 우리를 하나님에게서 멀어지게 하지만, 예수님은 우리가 다시 하나님과 가까워지도록 해 주세요. 이것을 위해 예수님은 이 땅에 오셔서 우리 죄를 대신 지고 십자가에서 죽으시고 다시 살아나셨어요. 예수님을 믿을 때, 하나님은 우리 죄를 용서하시고 영원한 생명을 주세요. 죄는 이제 우리를 다스리지 못해요. 우리는 오직 하나님만을 위해 살아요!

돼지 건네기 ★

준비물 바구니 2개, 분홍색 풍선 20개

① 아이들을 2팀으로 나누고, 팀별로 줄을 세운다.

② 바구니에 분홍색 풍선을 불어 10개씩 담아 각 팀 앞에 놓는다.

③ 인도자가 "시작!"이라고 외치면, 맨 앞에 선 아이가 풍선을 집어 뒷사람에게 머리 위로 전달하게 한다.

④ 2번째 아이는 뒷사람에게 다리 사이로 풍선을 전달하게 한다. 위아래로 전달하기를 반복하며 풍선을 끝까지 전달하라고 한다.

⑤ 마지막에 풍선을 받은 아이는 풍선을 터뜨리고, 줄의 맨 앞으로 달려가 다른 풍선을 잡아 뒷사람에게 머리 위로 전달하라고 한다.

⑥ 모든 풍선을 먼저 터뜨린 팀이 이긴다.

▬▬ 오늘 우리는 예수님이 귀신 들린 사람을 고치신 것을 배웠어요. 예수님은 돼지들에게 무엇을 보내셨나요? (귀신들) 돼지들은 어떻게 되었나요? (호수로 뛰어들어 죽었다, 막 5:11~13 참조) 예수님이 귀신 들린 사람을 고치셨어요. 예수님이 모든 것을 다스리세요. 예수님은 사람들을 악의 권세에서 풀어 주려고 이 땅에 오셨어요. 하나님이 정하신 때가 되면 예수님이 악을 영원히 끝내실 거예요.

 ## 보물 상자

나만의 기록장

준비물 학생용 교재 46쪽, 연필

① 아이들에게 예수님을 만나기 전과 만난 후에 어떻게 바뀌었는지 물어본다.

② 예수님을 만난 후 달라진 모습을 적어 보라고 한다.

③ 아직 믿음이 없다면 예수님이나 성경, 교회에 대해 알고 싶은 점들을 쓰게 한다.

▬▬ 예수님이 귀신 들린 사람을 고치셨어요. 예수님은 사람들을 고치고 구하려고 이 땅에 오셨어요. **예수님은 사람들의 어떤 문제를 해결해 주시나요? 예수님은 사람들의 병을 고치시고, 죄를 용서하시고, 죽음에서 건지세요.** 예수님을 주님과 구원자로 믿을 때, 하나님은 우리의 죄를 용서하시고 우리에게 영원한 생명을 주세요.

메시지 카드

이번 주 메시지 카드로 부모님과 함께 오늘 배운 성경 이야기를 나누어 보라고 한다.

기도

하나님, 우리가 악을 마주할 때마다 하나님만 믿길 원합니다. 하나뿐인 아들 예수님을 보내 악을 이기는 능력을 보여 주시고 우리를 죄에서 구해 주셔서 감사합니다. 우리가 예수님을 만나 변화되었듯이 다른 사람들도 예수님을 만나 변화되기를 원합니다. 예수님을 모르는 친구들에게 예수님이 하신 일을 전하고 나눌 수 있도록 도와주세요. 예수님의 이름으로 기도합니다. 아멘.

주일학교 사역의 3가지 핵심 가치

주일학교 사역의 중심은 무엇일까요? 부서를 이끄는 리더는 어떤 기준으로 결정을 해 나가야 할까요?

아이들을 하나님의 나라로 인도하고 세상에 지속적인 영향을 미치는 그리스도인으로 성장시키는 건강한 주일학교 사역을 위해서 지향해야 할 3가지 핵심 가치를 소개합니다.

1. 마음을 변화시켜야 합니다

행동을 교정하는 것이 아니라 마음을 변화시켜야 합니다. 어린 영혼에게 행동 교정을 계속 요구하는 것은 그리스도 안에 있는 자유를 소개하는 것이 아니라 짐을 더 얹어 주는 것과 같습니다. 주일학교 사역에서 하는 모든 일의 중심에는 그리스도가 있어야 합니다. 그리스도를 중심에 두면 그리스도가 마음의 변화를 일으키실 것입니다.

2. 하나님의 나라를 확장해야 합니다

주일학교의 부흥이 아니라 하나님의 나라를 확장해야 합니다. 주일학교 사역은 궁극적으로 하나님의 나라를 확장하기 위한 것입니다. 각 교회의 부흥을 위한 것이 아닙니다. 우리의 사역이 계속해서 하나님 나라에 초점을 두려면 '사람들이 원하는 것이 무엇인가'라는 근시안적 사고에 사로잡혀 전체를 보는 통찰력을 잃어버리지 않도록 조심해야 합니다. 우리의 시선을 오직 하나님께 고정해야 합니다.

3. 선한 영향력을 끼쳐야 합니다

문화를 주도적으로 이끄는 자리에 있어야 합니다. 문화에 끌려가서는 안 됩니다. 성경은 아이들이 그리스도에게 초점을 맞추고 세상을 변화시키는 사람이 되기를 요청합니다. 우리가 아이들에게 세상과 어울려 살아가도록 가르친다면 그들이 세상세서 그리스도를 위해 발휘할 수 있는 영향력은 목표에 한참 못 미치게 될 것입니다. 우리는 아이들이 세상을 향해 신속하고 비판적인 영향력을 미치기를 바랍니다. 마치 궁수가 정확한 판단과 솜씨로 과녁 한가운데를 명중시키듯이 말입니다.

라이프웨이 어린이 편집부(LifeWay Kids)

12 예수님이 여인을 고치시고 소녀를 살리셨어요

막 5:21~43

예수님이 거라사 지방에서 돌아오셨습니다. 그곳에서 예수님은 귀신 들린 남자를 고치셨습니다. 예수님이 갈릴리 호수를 건너오자 많은 사람이 모였습니다. 예수님이 사람들을 가르치고 병을 고치신다는 소문을 들은 사람들은 예수님을 만나고 싶어 했습니다. 그들은 예수님께 가르침을 받고 병 고침을 받고 싶었습니다.

회당장 야이로가 절박한 심정으로 예수님을 찾아왔습니다. 딸의 목숨이 경각에 달려 있었기 때문입니다. 그의 딸은 예수님의 도움이 없다면 틀림없이 죽고 말 것입니다. 예수님은 야이로와 함께 가셨습니다. 그런데 예수님이 길을 가시는 동안 무리 가운데 있던 한 여인이 예수님 뒤에서 예수님의 옷자락을 만졌습니다. 그 여인도 절박하게 병 고침 받기를 원했기 때문입니다. 여인은 그분의 옷자락만 만져도 자기 병이 나을 것이라고 확신했습니다. 예수님은 이 믿음을 보고 여인을 고쳐 주셨습니다.

그사이 야이로의 딸이 죽었습니다. 그 소식을 듣고 야이로가 얼마나 낙담했을지 상상해 보십시오. 사람들은 너무 늦었다고 생각하고 예수님도 도우실 수 없다고 말했지만, 예수님은 그들이 틀렸다는 것을 증명하셨습니다. 야이로의 집으로 가서서 소녀를 죽은 자 가운데서 일으키신 것입니다.

예수님은 병을 고치는 기적을 통해 메시아(그리스도)로서의 능력을 보여 주셨습니다. 예수님은 사람들을 죄와 죽음에서 구하려고 십자가에서 죽으시고 다시 살아나셨습니다. 예수님을 믿을 때 하나님은 우리 죄를 용서하시고 예수님을 더 닮아 가도록 우리를 변화시키십니다.

● ● 티칭 포인트

아이들을 가르칠 때, 소녀의 아버지와 여인이 믿음으로 예수님께 나아왔다는 사실을 강조하십시오. 그들은 예수님의 도움이 필요했고, 예수님의 병 고치시는 능력을 믿었습니다. 예수님은 십자가에서 죽으시고 부활하신 후 하늘로 올라가셨습니다. 오늘을 사는 우리도 여전히 하나님께 병 고쳐 주시기를 간구할 수 있습니다. 하나님이 우리 몸의 병을 고쳐 주시든 아니든, 우리는 하나님이 그분의 아들 예수님을 통해 궁극적으로 우리를 치료하실 것을 알기에 평안을 누릴 수 있습니다.

주 제

예수님은 병든 여인을 고치시고 죽은 소녀를 살리심으로 메시아의 능력을 보여 주셨어요.

가스펠 링크

예수님을 믿을 때 하나님은 우리 죄를 용서하시고 하나님의 아들이신 예수님을 더 닮아 가도록 우리를 변화시키세요.

예수님이 여인을 고치시고 소녀를 살리셨어요 막 5:21~43

예수님은 배를 타고 갈릴리 호수를 건너셨어요. 이미 많은 사람이 예수님을 만나려고 건너편 호숫가로 모여 들었어요. 그때 회당장 야이로가 예수님께 달려와 엎드려 도와 달라고 간청했어요. "제 딸이 곧 죽게 생겼습니다! 제발 오셔서 제 아이에게 손을 얹어 주십시오. 그러면 병이 낫고 살아날 것입니다!" 예수님은 야이로의 집으로 향하셨어요. 주위에 있던 사람들도 예수님을 따라갔지요.

사람들 중에는 12년 동안 혈루증이라는 병을 앓고 있는 여인이 있었어요. 혈루증은 피를 계속 흘리는 병이에요. 의사들을 찾아다니며 가진 돈을 다 썼지만 아무도 여인의 병을 고치지 못했어요. 갈수록 병은 더 심해졌어요. 여인은 예수님의 소문을 들었어요. 그래서 사람들 사이에 섞여 예수님 뒤로 다가갔어요. 그리고는 예수님의 옷자락을 만졌어요. '예수님의 옷자락만 만져도 내 병은 나을 거야'라고 생각한 거예요.

여인이 예수님의 옷자락을 만지자마자 피가 멈추었어요. 여인은 자기의 병이 나았다는 것을 알았어요.

예수님은 자기 몸에서 능력이 나간 것을 아셨어요. 예수님은 뒤를 돌아보며 "누가 내 옷을 만졌느냐?"라고 물으셨어요. 예수님의 제자들은 수많은 사람이 예수님을 에워싸고 있다고 말했어요. 하지만 예수님은 계속 주위를 둘러보셨어요.

여인은 병이 나은 것을 알고 예수님 앞에 나아와 엎드렸어요. 그리고 사실대로 이야기했어요. 예수님은 여인에게 "딸아, 네 믿음이 너를 구원했다. 안심하고 가거라. 이제 병에서 벗어나 건강하여라"라고 말씀하셨어요.

예수님이 말씀하시는 동안 야이로의 집에서 사람들이 와서 말했어요. "따님이 죽었습니다. 예수님을 더 이상 번거롭게 하지 마십시오." 이 말을 들은 예수님은 야이로에게 "두려워하지 말고 믿기만 하여라"라고 말씀하셨어요.

예수님과 3명의 제자가 야이로의 집으로 갔어요. 사람들이 큰 소리로 울고 있었지요. 예수님은 "왜 울고 있느냐? 이 아이는 죽은 것이 아니라 자는 것이다"라고 말씀하셨어요.

사람들은 예수님을 비웃었어요. 예수님은 사람들을 모두 내보내고 야이로와 그의 아내와 제자들만 데리고 방으로 들어가셨어요. 그리고 아이의 손을 잡고 말씀하셨어요. "소녀야, 일어나거라!"

그러자 아이가 일어나 방을 걸어 다니기 시작했어요. 아이의 부모는 깜짝 놀랐어요. 예수님은 소녀에게 음식을 주고 아무에게도 이 일을 알리지 말라고 당부하셨어요.

● ● 가스펠 링크

예수님은 병든 여인을 고치시고 죽은 소녀를 살리심으로 메시아의 능력을 보여 주셨어요. 예수님은 사람들을 죄와 죽음에서 구하려고 십자가에서 죽으시고 다시 살아나셨어요. 예수님을 믿을 때 하나님은 우리 죄를 용서하시고 하나님의 아들이신 예수님을 더 닮아 가도록 우리를 변화시키세요.

가스펠 준비
(10~20분)

 **환영**

도착하는 아이들을 반갑게 맞이하고 헌금, 출석, QT 등을 확인하며 격려한다. 새 친구가 있다면 소개한다. 편안한 분위기에서 안부를 물으며 오늘의 말씀과 관련된 화제로 이야기를 나눈다. 오래 아팠던 경험이 있는지 물어본다. 자발적으로 대화에 참여하도록 이끈다. 예) "오래 아팠던 적이 있나요?", "집이나 병원에만 있어야 했던 적이 있었나요?", "어떻게 나았나요?" 등.

—— 며칠만 아파도 참 괴롭지요? 그런데 세상에는 훨씬 더 오랜 시간을 병 때문에 아파하며 사는 사람들이 있어요. 오늘 성경 이야기에서 예수님을 만난 사람 중에도 그런 사람이 있었지요. 함께 알아볼까요?

 **마음 열기**

살아있다는 것은? *___________

`준비물` **스톱워치**

① 아이들과 함께 사람이 살아 있다는 것을 어떻게 알 수 있는지 이야기를 나누어 본다. (움직인다, 숨을 쉰다, 맥박이 뛴다 등)

② 아이들에게 맥박을 재는 방법을 보여 준다. 엄지로 상대방의 손목을 지지하고, 검지와 중지 끝을 손목의 동맥에 지그시 누르고 30초 동안 맥박 수를 센다.

③ 아이들을 2명씩 짝을 짓고, 상대방의 맥박을 재게 한다. 손목 안쪽에서 동맥을 찾을 수 있도록 도와준다.

④ 아이들에게 팔 벌려 뛰기를 15번 하고 난 후, 다시 서로의 맥박을 재어 보게 한다.

⑤ 처음 잰 것과 어떤 차이가 있는지 물어본다.

—— 오늘 성경 이야기에서는 병든 딸을 둔 한 사람이 예수님께 도움을 청하려고 찾아와요. 하지만 예수님이 그의 집에 도착하기 전에 딸이 죽어 버렸어요. 살아 있다는 표시가 없었지요. 숨도 쉬지 않고, 움직이지도 않고, 맥박도 뛰지 않았어요. 하지만 예수님은 기적을 행하셨어요. 과연 예수님이 어떤 기적을 베푸셨는지 잠시 후에 알아보기로 해요.

누가 나를 만졌지? *___________

① 5명 중 1명 꼴로 술래를 여러 명 정한다.

② 술래들을 앞쪽에 세우고, 나머지 아이들은 자리에 앉아 고개를 숙이고 눈을 감은 채 엄지만 치켜들게 한다.

③ 술래들에게 돌아다니면서 아이들의 엄지를 누르라고 한다. 술래에게 엄지가 눌렸던 아이는 엄지를 내리라고 한다. 술래는 한 번에 한 명의 엄지만 누를 수 있다고 말해 준다.

④ 손가락을 누른 술래들은 앞으로 나와 함께 "해가 떴어! 고개를 들어!"라고 외치게 한다.

⑤ 엄지를 내리고 있던 아이들은 자리에서 일어나 누가 자기 엄지를 만졌는지 맞히게 한다.

⑥ 맞힌 사람은 새로운 술래가 되어 놀이를 계속한다.

—— 오늘 성경 이야기에 나오는 한 여인은 많은 사람 틈에 섞여 예수님의 옷자락을 몰래 만졌어요. 그러자 예수님이 뒤돌아보며 "누가 나를 만졌느냐?"라고 물으셨지요. 여인은 왜 예수님의 옷자락을 만졌을까요?

교사를 위한 기록장 이 과를 준비하면서 깨닫게 된 묵상을 정리해 보세요.

· 하나님이나 나에 대해 새롭게 알게 된 것은?

· 기억하고 싶은 하나님의 약속은?

· 아이들에게 전하고 싶은 메시지는?

가스펠 설교
(15~30분)

들어가기

준비물 **흰색 가운, 청진기, 운동화, 종이가 끼워진 클립보드, 성경**

흰색 가운을 입고, 청진기를 목에 두르고 운동화를 신고 들어온다. 클립보드와 성경을 들고 있다.

안녕하세요, 여러분! 반가워요! 휴~. 일을 시작한 지 얼마 되지 않았는데 벌써 힘이 드네요. 몇 시간 동안 응급실에서 일했거든요. 제가 쓰는 물건들을 소개할게요. 청진기를 들며 이것은 사람들의 심장 소리를 듣는 청진기예요. 클립보드 들며 여기에는 환자들 이름이 적혀 있어요. 신발을 보여 주며 이렇게 운동화를 신어야 온종일 서서 일해도 발이 편하답니다. 성경을 보여 주며 그런데 제가 왜 성경을 들고 있을까요? 아이들의 대답을 기다린다. 그럴듯한 생각이군요.

저는 성경을 들고 다니며 읽는 것이 좋아요. 성경은 하나님의 말씀이잖아요. 성경을 읽으면 하나님이 어떤 분인지, 내가 누구인지, 세상은 어떤 곳인지 알게 되어요. 성경에 나오는 이야기를 모두 모으면 결국 하나님이 예수님을 통해 죄인들을 구원하시는 이야기가 된답니다. 하나님이 하나님의 아들을 이 세상에 보내신 이야기지요.

연대표

예수님이 중풍 병자를 고치셨어요

예수님이 귀신 들린 사람을 고치셨어요

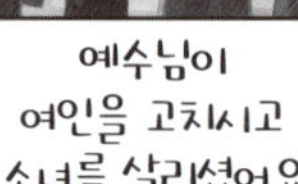

예수님이 여인을 고치시고 소녀를 살리셨어요

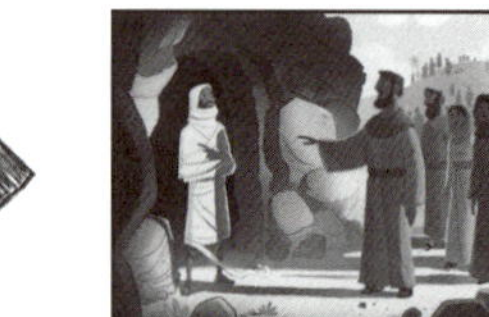

예수님이 나사로를 살리셨어요

지난 몇 주간 예수님이 사람들을 고쳐 주시는 이야기를 들었어요. 연대표에서 지난 성경 이야기들을 가리킨다. 처음에는 "예수님이 중풍 병자를 고치셨어요"라는 이야기를 통해 예수님이 중풍 병자를 고치시고 그의 죄를 용서하시는 모습을 보았지

요. 그다음에는 악을 이기는 예수님의 능력에 관한 이야기를 들었어요. 예수님이 귀신 들린 사람을 고치셨어요. 연대표에서 오늘의 성경 이야기를 가리킨다. 오늘 성경 이야기의 제목은 "예수님이 여인을 고치시고 소녀를 살리셨어요"예요. 신약 성경의 마가복음에 나오는 이야기랍니다.

성경의 초점

이 땅에서 사역하시는 동안 예수님은 사람들에게 하나님과 하나님의 나라에 대해 가르치셨어요. 기적을 행하셨고, 사람들을 고치셨지요. **예수님은 사람들의 어떤 문제를 해결해 주시나요? 예수님은 사람들의 병을 고치시고, 죄를 용서하시고, 죽음에서 건지세요.**

성경 이야기

마가복음 5장을 펴고, 설교 영상(지도자용 팩)을 보여 주거나 이야기 성경을 들려준다. 전체 조명을 어둡게 하고, 부분 조명을 사용해 본다. 교사와 여자아이를 한 명씩 뽑아 예수님이 살던 시대의 의상을 입히고, 무대 위 어두운 곳에 서 있게 한다. 처음 인도자가 이야기를 할 때는 인도자에게, 혈루증을 앓는 여인 이야기를 시작할 때는 교사에게, 소녀 이야기를 시작할 때는 여자아이에게 조명을 비춘다. 또는 막대기 사람과 여러 가지 단순한 그림을 그리며 이야기해 본다. (예 : '옷'을 표현할 때는 티셔츠 모양을, '죽음'을 표현할 때는 무덤을 그린다.)

예수님의 소문이 온 땅에 퍼지자 수많은 사람이 예수님의 가르침을 들으려고 몰려들었어요. 예수님이 병에 걸리거나 다친 사람을 고쳐 주신다는 소문을 듣고 도움을 청하러 온 사람들도 많았지요. 오늘 성경 이야기에는 이제 희망은 예수님밖에 없다는 믿음으로 예수님을 찾아온 두 사람이 나와요. 예수님은 혈루증을 앓는 여인을 고치시고 죽은 소녀를 살리셨어요.

야이로의 딸은 죽기 직전이었어요. 그는 아무도 자기 딸을 구할 수 없다는 것을 알았어요. 예수님이 아니면 안 되는 일이었지요! 야이로는 예수님이 한 번 만져 주시기만 해도 딸의 병이 낫고 살아날 것이라고 굳게 믿었어요.

예수님은 야이로와 함께 그의 집에 가기로 하셨어요. 자, 이

제 여러분이 야이로라고 상상해 보세요. 수많은 사람 사이로 예수님을 모시고 헐레벌떡 집으로 가고 있어요. 그런데 갑자기 예수님이 걸음을 멈추시는 거예요. 자신에게서 능력이 나간 것을 아셨기 때문이지요. 야이로처럼 예수님의 도움이 절실히 필요했던 한 여인이 사람들 속에 있다가 예수님의 옷자락을 만졌던 거예요. 많은 의사를 찾아다니며 가진 돈을 다 썼지만 아무도 피가 멈추지 않는 그녀의 병을 고치지 못했어요. 그 여인에게는 예수님의 옷자락만 만져도 병이 나을 것이라는 믿음이 있었어요.

손을 뻗어 예수님의 옷을 만지는 순간, 흐르던 피가 멈췄어요. 여인은 자기 병이 나은 것을 알았어요. 예수님이 돌아보시자 여인은 예수님 앞에 나가 사실대로 이야기했어요. 그런데 예수님이 여인과 이야기하시는 중에 야이로의 집에서 사람들이 와서 그의 딸이 죽었다는 소식을 전했어요. 그들은 야이로에게 더 이상 예수님을 번거롭게 하지 말라고 했지요. 아이를 살리기에는 이미 늦었다고요. 하지만 예수님께도 늦었을까요? 예수님은 야이로에게 "두려워하지 말고 믿기만 하라"라고 말씀하셨어요. 그리고 야이로의 집으로 가 죽은 소녀의 손을 잡으셨어요. 예수님이 아이에게 일어나라고 말씀하시자, 죽었던 소녀가 살아났어요. 야이로와 그의 아내는 너무 놀랐어요.

 가스펠 링크

예수님은 병든 여인을 고치시고 죽은 소녀를 살리심으로 메시아의 능력을 보여 주셨어요. 예수님은 사람들을 죄와 죽음에서 구하려고 십자가에서 죽으시고 다시 살아나셨어요. 부활하신 예수님은 하늘로 올라가셨어요. 지금 예수님이 사람의 몸으로 이 땅에 계신 것은 아니지만, 우리는 병든 자와 나친 사를 고쳐 달라고 믿음으로 기도할 수 있어요. 하나님은 하나님의 아들 예수님을 통해 죄를 용서하심으로 우리의 가장 큰 병을 고쳐 주세요.

 복음 초청

성경과 71쪽 복음 초청 가이드를 이용해서 아이들에게 그리스도인이 되는 법을 설명해 준다. 따로 상담해 줄 사람을 정해 주고 궁금한 점이 있으면 물어보도록 격려한다.

이 시간 예수님을 마음에 모시고 싶은 친구는 함께 기도해요.

 기도

하나님, 오늘 성경 이야기에 나오는 사람들에게는 예수님이 모든 것을 하실 수 있다는 믿음이 있었습니다. 그리고 그들이 믿음으로 나아왔을 때 예수님은 여인의 병을 고치시고 야이로의 딸을 살리셨습니다. 우리도 그런 믿음을 갖고 싶습니다. 예수님이 우리의 구원자이시며, 우리를 죄에서 깨끗하게 하시는 분이라는 믿음이 가득하길 고백합니다. 예수님의 이름으로 기도합니다. 아멘.

 적용

TIP 설교 도입이나 적용으로 활용하거나 영상을 본 뒤 소그룹으로 나누어 풍성한 대화를 이어 갈 수 있습니다.

혼자 어떤 일을 하려고 했는데 할 수 없었던 적이 있나요? 그 생각을 하면서 다음 영상을 함께 보기로 해요.

적용 예화 영상(지도자용 팩)을 보여 준 후, 다음의 질문으로 이야기를 나눈다.

1. 넬이 탑을 쌓는 것을 누가 도와줄 수 있었나요?

2. 오늘 성경 이야기에 나오는 여인은 병을 고치기 위해 어떤 노력을 했나요?

3. 예수님이 "믿기만 해라"라고 하신 한 마디 말씀이 야이로의 인생을 바꾸었어요. 예수님은 무슨 뜻으로 이 말씀을 하셨을까요?

예수님의 도움이 필요했던 사람들은 누가 자신을 도울 수 있는지 알았어요. 우리도 어떤 죄, 어떤 병을 만나든지 예수님께 도움을 구할 수 있어요. 우리가 무언가를 열심히 해서 예수님의 도움을 얻는 것이 아니에요. 예수님은 우리에게 "믿기만 해라"라고 말씀하세요.

가스펠 소그룹
(10~20분)

 ## 나침반

공 던지며 외우기

준비물 3단원 암송(134쪽), 스티로폼 공

① 아이들을 둥글게 앉히고, 한 아이에게 스티로폼 공을 준다.

② 암송 구절의 처음 두 어절을 말하고 옆 사람에게 공을 건네주라고 한다.

③ 공을 받은 아이는 다음 어절을 말하고 옆 사람에게 건네게 한다.

④ 같은 방식으로 암송 구절을 다 말할 때까지 공을 전달하게 한다.

── 오늘 성경 이야기에서 예수님은 혈루증을 앓는 여인을 고치시고 죽은 소녀를 살리셨어요. 시편 103편 2~3절은 예수님이 우리를 고치시는 분이라고 말해요. 성경에 나오는 사람들처럼 우리도 예수님께 우리의 병과 죄와 죽음을 고쳐 달라고 부탁할 수 있어요.

 ## 보물 지도

참일까? 거짓일까?

준비물 색 도화지(빨간색, 초록색), 가위

① 빨간색과 초록색 도화지를 4등분한다.

② 아이들에게 종이를 색깔별로 한 장씩 나누어 준다.

③ 인도자가 말하는 문장을 듣고, 참이라고 생각하면 초록색 종이를 들고 거짓이라고 생각하면 빨간색 종이를 들라고 한다.

④ 문장이 거짓일 때는 어떻게 고쳐야 할지 아이들에게 물어본다.

1 오늘 성경 이야기는 구약성경에 나와요. *거짓, 신약성경* (막 5:21~43)

2 야이로는 회당장이었어요. *참* (막 5:22)

3 야이로는 예수님을 저녁 식사에 초대했어요. *거짓, 집에 오셔서 병든 딸을 고쳐 달라고 부탁했다* (막 5:23)

4 야이로는 예수님이 손만 대어도 자기 딸이 나을 것이라고 믿었어요. *참* (막 5:23)

5 야이로와 예수님만 야이로의 집으로 갔어요. *거짓, 수많은 사람이 따라갔다* (막 5:24)

6 한 여인이 예수님을 찾아왔어요. 그 여인은 혈루증을 12분간 앓았어요. *거짓, 12년* (막 5:25)

7 여인은 "내가 예수님의 수염만 만져도 내 병이 나을 것이다"라고 생각했어요. *거짓, 예수님의 옷자락* (막 5:28)

8 예수님의 옷을 만지자마자 여인은 자기 병이 나은 것을 알았어요. *참* (막 5:29)

9 예수님은 "누가 내 신발을 만졌느냐"라고 물었어요. *거짓, 예수님의 옷* (막 5:30)

10 여인은 앞으로 나와 사실대로 이야기했어요. *참* (막 5:33)

11 야이로의 집에서 사람들이 와 "따님이 죽었습니다"라고 말했어요. *참* (막 5:35)

12 예수님은 야이로의 집에 가지 않기로 하셨어요. *거짓, 가셨다* (막 5:37~38)

13 예수님이 소녀에게 일어나라고 말씀하시자 소녀가 살아났어요. *참* (막 5:41~42)

14 예수님이 혈루증을 앓는 여인을 고치시고 죽은 소녀를 살리셨어요. *참*

── **정말 잘했어요! 예수님은 병든 여인을 고치시고 죽은 소녀를 살리심으로 메시아의 능력을 보여 주셨어요. 예수님은 사람들의 병을 고치시고, 죄를 용서하시고, 죽음에서 건지세요.** 여인과 야이로에게는 예수님에 대한 믿음이 있었어요. 예수님이라면 병을 고칠 수 있을 것이라는 확신이 가득했지요. 예수님은 우리가 상상할 수 없는 일을 보여 주셨어요. 예수님은 혈루증을 앓는 여인을 고치시고 죽은 소녀를 살리셨어요.

 ## 탐험하기

예수님의 기적

준비물 학생용 교재 48쪽, 연필

각 그림을 보고 발견한 글자를 빈칸에 넣어 성경의 초점 답을 완성하게 한다.

── 예수님은 야이로의 집에 가셨어요. 그런데 가는 길에 놀라운 일이 일어났어요. 혈루증을 앓는 여인의 병이 나았어요. 그 여인에게는 예수님의 옷자락만 만져도 나을 수 있을 것이라는 믿음이 있었어요. 여인은 많은 사람 속에서 예수님께 나아갔고, 예수님의 옷깃을 만지는 순간 오랫동안 앓았던 병이 나았어요. 그런데 그때 야이로의 딸이 죽었다는 소식이 도착했어요. 하지만 예수님은 죽은 소녀를 살리심으로 메시아의 능력을 보여 주셨어요.

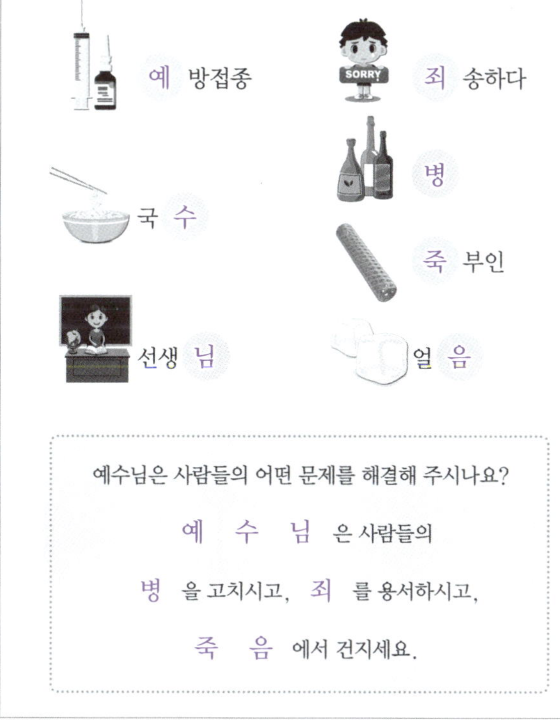

예수님은 사람들의 어떤 문제를 해결해 주시나요?

예 수 님 은 사람들의

병 을 고치시고, 죄 를 용서하시고,

죽 음 에서 건지세요.

예수님께 나아가는 믿음

준비물 학생용 교재 49쪽, 연필

① 그림을 보고 사건이 일어난 순서대로 번호를 쓰게 한다.
② 오늘의 성경 이야기를 자신의 말로 표현해 보라고 한다.

 야이로와 여인은 예수님의 도움이 필요했어요. 그들은 예수님에게 병 고치는 능력이 있다는 것을 믿었어요. 지금 예수님은 이 땅에 계시지 않지만, 우리는 아픈 사람들을 고쳐 달라고 하나님께 기도로 간구할 수 있어요. **예수님은 사람들의 어떤 문제를 해결해 주시나요? 예수님은 사람들의 병을 고치시고, 죄를 용서하시고, 죽음에서 건지세요.**

💎 보물 상자

나만의 기록장

준비물 학생용 교재 50쪽, 연필

① 아이들에게 꼭 필요하지만 결코 혼자서 할 수 없는 일들을 써 보라고 한다.
② 긴장되거나 걱정되는 상황에 관해 써도 된다고 말해 준다.

사람들이 야이로에게 딸이 죽었다는 소식을 전했을 때 예수님이 하신 말씀을 기억하나요? (예수님은 "두려워하지 말고 믿기만 하라"라고 말씀하셨다) 어떤 일이 닥치든 우리는 믿음을 가지고 예수님께 나아가면 돼요. 예수님은 모든 것을 할 수 있는 능력이 있으신 분이기 때문이지요. 하지만 우리에게 꼭 필요한 일이 아니거나 우리의 욕심으로 예수님의 능력을 구한다면 예수님은 도와주지 않으실 거예요. 우리가 최선을 다하고, 예수님을 믿는 믿음으로 나아갈 때 예수님은 우리를 생각하지 못한 방법으로 도와주실 거예요.

메시지 카드

이번 주 메시지 카드로 부모님과 함께 오늘 배운 성경 이야기를 나누어 보라고 한다.

기도

하나님, 예수님을 보내 주시고 우리의 아픔과 슬픔, 죄와 질병까지 치유해 주셔서 감사합니다. 하지만 이 또한 하나님을 믿는 믿음이 우리 안에 있을 때 가능하다는 것을 알았습니다. 하나님을 향한 우리의 믿음이 더욱 굳건해지도록 도와주세요. 우리 안에 있는 죄와 죽음과 질병의 문제를 깨끗하게 치료해 주세요. 예수님의 이름으로 기도합니다. 아멘.

13

예수님이 나사로를 살리셨어요

요 11:1~7, 17~44

본문 속으로

예수님은 친구 나사로가 아프다는 소식을 들으셨습니다. 나사로는 마리아와 마르다의 오빠였습니다. 그들은 예루살렘에서 약 3km 정도 떨어진 베다니라는 동네에 살고 있었습니다. 마리아와 마르다는 예수님께 나사로가 아프다는 소식을 전했습니다. 아마도 예수님이 즉시 오실 것이라고 기대했을 것입니다.

예수님은 마리아와 마르다, 그리고 나사로를 사랑하셨습니다. 하지만 예수님은 계신 곳에서 며칠 더 머무셨고, 그사이 나사로는 죽고 말았습니다. 왜 그러셨을까요? 예수님은 나사로의 병이 "하나님의 영광을 위함이요 하나님의 아들이 이로 말미암아 영광을 받게 하려 함이라"(요 11:4)라고 말씀하셨습니다. 또 이 일로 제자들이 예수님을 믿게 될 것이기에 나사로가 죽을 때 그곳에 있지 않은 것을 기뻐한다고도 하셨습니다(요 11:15 참조). 예수님의 때는 언제나 완벽합니다. 예수님이 행동하실 때도, 행동하지 않으실 때도 모두 하나님을 영화롭게 하시기 위함입니다.

예수님이 베다니에 도착하셨을 때 나사로는 이미 나흘이나 무덤에 있는 상태였습니다. 예수님을 마중 나온 마르다가 "주께서 여기 계셨더라면 내 오라버니가 죽지 아니하였겠나이다"라고 말했습니다. 예수님이 전에 병든 자를 고치는 능력을 보이셨기 때문입니다. 하지만 마르다는 절망적인 상황에서도 예수님이 기적을 행하실 수 있을 것이라는 믿음을 버리지 않았습니다.

예수님은 마르다에게 "나는 부활이요 생명이니"(요 11:25)라고 말씀하셨습니다. 예수님은 생명의 근원이십니다. 그분은 죽음도 파괴할 수 없는 영원한 생명을 주십니다. 성도들은 죽음을 두려워할 필요가 없습니다. 육체의 죽음이 끝이 아니기 때문입니다(요 11:25~26 참조). 예수님은 우리가 죽어서 몸을 떠날 때 우리의 영혼이 주님과 함께 있게 하시려고 죽음을 감내하셨습니다(고후 5:8 참조).

예수님은 나사로를 죽은 자 가운데서 살리셨습니다. 예수님이 메시아라는 사실이 명확히 드러난 순간이었습니다. 예수님은 하나님의 아들이라는 주장 때문에 십자가에서 죽음을 맞으셨습니다. 나사로의 장례를 중단시키신 그 순간에도 예수님은 자신의 장례가 곧 뒤따를 것을 알고 계셨습니다.

●● 티칭 포인트

예수님은 나사로를 살리심으로 자신에게 죽음을 이기는 능력이 있다는 것을 보여 주셨다는 점을 아이들에게 강조하십시오. 예수님은 우리 죄 때문에 십자가에서 죽으시고, 죽은 자 가운데서 다시 살아나셨습니다. 예수님은 예수님을 믿는 자에게 영원한 생명을 주십니다.

주 제

예수님은 나사로를 살리심으로 죽음을 이기는 능력을 보여 주셨어요.

가스펠 링크

예수님은 나사로를 살리심으로 죽음을 이기는 능력을 보여 주셨어요. 예수님은 자신을 믿는 사람들에게 영원한 생명을 주세요.

예수님이 나사로를 살리셨어요 요 11:1~7, 17~44

나사로는 예수님의 친구였어요. 그는 베다니라는 동네에서 동생 마리아, 마르다와 함께 살고 있었지요. 어느 날 나사로가 병이 들었어요. 마리아와 마르다는 예수님께 이 소식을 알렸어요. "주님이 사랑하시는 나사로가 병들었습니다."

예수님은 제자들에게 "나사로의 병은 죽을병이 아니다. 이 병으로 하나님과 하나님의 아들이 영광을 받을 것이다"라고 말씀하셨어요. 그리고 계시던 곳에서 이틀을 더 머무신 후에야 "유대로 돌아가자"라고 하셨어요.

하지만 예수님이 베다니에 도착하셨을 때는 나사로가 이미 무덤에 장사된 지 4일이나 지난 뒤였어요. 마르다는 서둘러 나와 예수님을 맞이했어요. 마리아는 집에 있었지요.

마르다가 "주님, 주님이 여기 계셨더라면 오빠가 죽지 않았을 거예요"라고 말했어요. 마르다는 예수님이 기적을 행하실 수 있다는 것을 믿었어요. "주님이 구하시는 것은 무엇이든 하나님께서 다 이루어 주실 줄을 믿습니다."

예수님이 말씀하셨어요. "네 오빠가 다시 살아날 것이다."

마르다는 먼 훗날, 마지막 날에 나사로가 죽은 자 가운데서 다시 살아날 것이라고 믿었어요. 하지만 예수님은 "나는 부활이고 생명이다. 나를 믿는 사람은 죽어도 살 것이고, 살아서 나를 믿는 자는 결코 죽지 않을 것이다. 네가 이것을 믿느냐?"라고 물으셨어요.

마르다는 "예, 주님. 주님이 그리스도이시며 하나님의 아들이신 것을 믿습니다"라고 대답했어요.

마르다는 집으로 돌아가 마리아에게 예수님이 찾으신다고 전했어요. 마리아가 일어나 나가자 그들을 위로하러 왔던 사람들도 마리아를 따라갔어요.

마리아는 예수님의 발 앞에 엎드려 말했어요. "주님, 주님이 여기 계셨더라면 오빠가 죽지 않았을 거예요!" 슬피 우는 마리아를 보시고 예수님도 함께 우셨어요.

마리아는 예수님을 모시고 나사로의 무덤으로 갔어요. 당시에는 굴속에 무덤을 만들어 큰 돌로 입구를 막아 두었어요. 예수님이 말씀하셨어요. "돌을 치워라."

돌을 치우자 예수님이 하늘을 바라보며 "아버지, 제 말을 들으신 것을 감사합니다"라고 말씀하셨어요. 그러고는 큰 소리로 외치셨어요. "나사로야, 나오너라!"

그러자 나사로가 손과 발이 천으로 감긴 채 밖으로 나왔어요. 예수님은 "그가 다닐 수 있도록 천을 풀어 주어라"라고 말씀하셨어요.

● ● 가스펠 링크

예수님은 나사로를 죽은 자 가운데서 살리심으로 죽음을 이기는 능력을 보여 주셨어요. "부활이요 생명"(요 11:2 5)이신 예수님은 죽은 자 가운데서 다시 살아나셨어요. 예수님은 자신을 믿는 사람들에게 영원한 생명을 주세요.

환영

도착하는 아이들을 반갑게 맞이하고 헌금, 출석, QT 등을 확인하며 격려한다. 새 친구가 있다면 소개한다. 편안한 분위기에서 안부를 물으며 오늘의 말씀과 관련된 화제로 이야기를 나눈다. 아이들에게 지각한 적이 있는지 물어본다. 지각한 탓에 무엇을 놓친 적이 있는지 이야기를 나눈다. 자발적으로 대화에 참여하도록 이끈다.

예) "학교나 약속 장소에 지각한 적이 있나요?", "왜 지각을 하게 되었나요?", "지각해서 손해를 봤거나, 지각했지만 아무 일 없어 다행이었다고 생각했던 적이 있나요?" 등.

때로는 피치 못할 사정으로 약속 장소에 늦게 도착할 때가 있어요. 예수님이 아픈 나사로에게 가셨지만 나사로는 예수님이 도착하시기 전에 죽고 말았어요. 예수님이 너무 늦게 도착하신 것일까요? 함께 알아보아요.

마음 열기

하나, 둘, 줄을 넘어라 *

준비물 긴 줄넘기, 스톱워치

① 안전하게 줄넘기를 할 수 있는 넓은 공간을 마련한다.

② 아이들을 3명씩 묶어 팀을 나눈다. 2명은 줄넘기 양 끝을 잡고 몇 걸음 떨어져 서게 하고, 나머지 아이는 그 사이에 서게 한다.

③ 줄을 돌리는 아이들은 머리 위로 줄을 크게 돌리고, 줄을 넘는 아이는 줄이 바닥에 닿을 때 줄을 뛰어넘으라고 한다.

④ 한 팀씩 돌아가며 줄넘기를 하고, 1분 동안 가장 많이 줄을 넘은 팀이 이긴다.

⑤ 1분 전에 줄에 걸렸다면 3번까지 기회를 준다.

줄넘기하기 위해 어떻게 해야 했나요? 아이들의 대답을 기다린다. 줄넘기를 잘하려면 타이밍을 잘 맞춰야 해요. 너무 미리 뛰어도, 너무 늦게 뛰어도 줄에 걸리고 말아요. 오늘 성경 이야기는 예수님의 완벽한 타이밍에 관한 이야기예요. 예수님이 줄넘기를 하셨다는 말은 아니에요. 그보다 훨씬 놀라운 일을 하셨지요!

친구야, 나와! *

준비물 비치볼, '나사로야 나오라' 음원(지도자용 팩 또는 홈페이지)

① 아이들을 둥글게 세우고, 한 아이에게 비치볼을 준다.

② 아이들에게 '나사로야 나오라' 찬양을 부르며 공을 서로 주고받으라고 한다.

③ 인도자가 중간에 음악을 멈추며, 공을 들고 있는 아이에게 "(아이의 이름)야, 나와!"라고 말한다.

④ 이름이 불린 아이는 원 밖으로 나가 재미있는 동작을 하게 한다.

예) 오리걸음, 제자리에서 3바퀴 돌기, 휘파람으로 잘 아는 곡 부르기 등.

⑤ 정해진 시간 안에서 놀이를 반복한다.

오늘 우리가 들을 성경 이야기에서 예수님은 친구에게 무덤에서 나오라고 말씀하셨어요. 그 친구는 무덤에 숨어 있던 것이 아니라, 죽어서 무덤에 들어간 지 4일이나 지난 상태였어요. 과연 무덤에 있던 친구는 밖으로 나왔을까요? 잠시 후에 알아보기로 해요.

교사를 위한 기록장 이 과를 준비하면서 깨닫게 된 묵상을 정리해 보세요.

· 하나님이나 나에 대해 새롭게 알게 된 것은?

· 기억하고 싶은 하나님의 약속은?

· 아이들에게 전하고 싶은 메시지는?

가스펠 설교
(15~30분)

들어가기

준비물 **수술복 또는 수술복처럼 보이는 단색 옷차림, 성경, 종이가 끼워진 클립보드, 작은 침대 또는 탁자, 하얀 천**

수술복을 입고, 손에는 성경과 종이가 끼워진 클립보드를 들고 들어온다. 작은 침대나 탁자를 무대 앞쪽에 놓고 하얀 천으로 덮어 둔다. 안녕하세요, 여러분! 오늘도 이곳을 찾아 주어서 고마워요! 여러분이 이곳에 있어서 정말 기뻐요. 안 그랬으면 정말 외로울 뻔했어요. 보다시피 오늘은 환자가 한 명도 없어요. 침대는 이렇게 비었고요! 이 침대를 쓰던 환자가 다 나아서 조금 전에 퇴원했거든요.

한숨을 쉰다. 있잖아요, 아픈 사람이나 다친 사람을 매일 보는 것은 쉬운 일이 아니에요. 환자들이 도무지 나아지지 않을 때는 더욱 그렇지요. 그래서 여러분에게 이 성경 이야기를 꼭 들려주고 싶어요! 위대한 치료자이신 예수님에 관한 이야기이니까요.

연대표

예수님이 중풍 병자를 고치셨어요

예수님이 귀신 들린 사람을 고치셨어요

예수님이 여인을 고치시고 소녀를 살리셨어요

예수님이 나사로를 살리셨어요

우리는 처음에 "예수님이 중풍 병자를 고치셨어요"라는 성경 이야기를 들었어요. 이 이야기에서 예수님이 무슨 일을 하셨는지 말해 볼 사람 있나요? (예수님이 중풍 병자를 고치시고 그의 죄를 용서하셨어요) 그다음에는 악을 이기는 예수님의 능력에 관한 이야기를 들었어요. 예수님이 귀신 들린 사람을 고치셨지요. 지난 시간에는 예수님이 혈루증을 앓는 여인을 고치시고 죽은 소녀를 살리신 이야기를 들었어요. 정말 믿기지 않았어

요! 연대표에서 오늘의 성경 이야기를 가리킨다. 오늘 성경 이야기의 제목은 "예수님이 나사로를 살리셨어요"예요. 신약성경의 요한복음에 나오는 이야기이지요.

성경의 초점

예수님은 사람들을 가르치고, 기적을 행하고, 병자들을 고치느라 매우 바쁘셨어요. 그동안 예수님이 사람들의 병을 고치시는 이야기를 들으면서 '성경의 초점' 답을 찾았어요. '성경의 초점' 질문이 무엇인지 기억하나요? **"예수님은 어떤 문제를 해결해 주시나요?"**예요. 이 질문의 답을 말해 볼까요? 아이들의 대답을 기다린다. 맞아요. '성경의 초점' 질문과 답을 함께 말해 보아요. **예수님은 사람들의 어떤 문제를 해결해 주시나요? 예수님은 사람들의 병을 고치시고, 죄를 용서하시고, 죽음에서 건지세요.**

성경 이야기

요한복음 11장을 펴고, 설교 영상(지도자용 팩)을 보여 주거나 이야기 성경을 들려준다. 자원하는 아이들을 뽑아 예수님, 제자들, 마리아, 마르다, 나사로 역할을 맡기고 연극을 해 보게 한다. 소도구와 의상을 사용하면 훨씬 더 실감나는 연극을 할 수 있다. 또는 인도자가 이야기를 할 때 예배실 한쪽에서 이야기를 하다가 예수님이 베다니로 가시는 장면에서 예배실 다른 쪽으로 이동한다. 동선 곳곳에 성경 이야기의 여러 부분을 강조할 수 있는 소품을 비치해 둔다.

나사로가 병이 들자 마리아와 마르다는 예수님께 이 소식을 알렸어요. 저라면 제가 사랑하는 사람이 아프다는 소식을 듣자마자 곧바로 병문안하러 달려갈 거예요! 예수님은 어떻게 하셨나요? 나사로를 보려고 서둘러 가셨나요? 아니에요. 예수님에게는 더 큰 계획이 있었어요. 그래서 계시던 곳에서 이틀이나 더 지낸 후에 나사로와 마리아와 마르다가 사는 유대 땅 베다니로 가셨어요.

예수님의 제자들은 유대로 가고 싶지 않았어요. 그곳에 사는 유대인 중에는 예수님을 싫어하는 사람들이 있었거든요. 제자들은 예수님에게 좋지 않은 일이 일어나는 것을 바라지 않았어요. 하지만 예수님은 나사로가 죽었으니 어서 가서 깨워

야 한다고 말씀하셨어요.

예수님은 나사로가 무덤에 장사 된 지 4일이나 지나서 베다니에 도착하셨어요. 마르다가 서둘러 나가 예수님을 맞이했어요. 마르다는 예수님이 이곳에 계셨다면 병든 나사로가 죽는 것을 막을 수 있었을 것이라 믿었어요. 예수님이 마르다에게 "네 오빠가 다시 살아날 것이다"라고 말씀하셨어요. 마르다는 예수님이 마지막 날에 대해 말씀하시는 것이라고 생각했어요. 하늘로 올라가신 예수님이 이 땅에 다시 오시고 모든 성도가 부활하는 날 말이에요. 그런데 예수님은 "나는 부활이요 생명이니 나를 믿는 자는 죽어도 살겠고"(요 11:25)라고 말씀하셨어요.

마르다의 동생 마리아도 예수님께 왔어요. 오빠를 잃은 슬픔에 마리아가 울자 예수님도 함께 우셨어요. 예수님이 나사로의 무덤을 막고 있는 돌을 치우라고 말씀하시자 마르다가 반대했어요. 장사한 지 4일이나 지났기 때문에 나사로의 시체에서 냄새가 날 것이 뻔했으니까요. 하지만 예수님은 마르다에게 예수님을 믿으면 하나님이 얼마나 위대한 분인지 알게 될 것이라고 말씀하셨어요.

사람들이 돌을 옮기자 예수님이 "나사로야 나오라!"라고 말씀하셨어요. 그러자 나사로가 무덤에서 나왔어요. 몸은 아직 천에 감겨 있었지요. 예수님은 나사로가 다닐 수 있도록 천을 풀어 주라고 말씀하셨어요.

만약 예수님이 병든 나사로를 고치셨다면 누구도 예수님이 죽은 나사로를 살리시는 광경을 보지 못했을 거예요. 예수님은 죽음을 이기는 능력을 보여 주셨고, 그 모습을 본 많은 사람이 예수님을 믿게 되었어요.

 가스펠 링크

예수님은 나사로를 죽은 자 가운데서 **살리심으로 죽음을 이기는 능력을 보여 주셨어요.** 예수님은 "나는 부활이요 생명이니"(요 11:25)라고 말씀하셨어요. 하나님은 우리를 너무나 사랑하셔서 하나님의 아들 예수님을 보내셨어요. 예수님은 우리 죄를 대신 지고 십자가에서 죽으시고 다시 살아나심으로 우리의 모든 죗값을 치르셨어요. 예수님은 자신을 믿는 사람들에게 영원한 생명을 주세요.

복음 초청

성경과 71쪽 복음 초청 가이드를 이용해서 아이들에게 그리스도인이 되는 법을 설명해 준다. 따로 상담해 줄 사람을 정해 주고 궁금한 점이 있으면 물어보도록 격려한다.

이 시간 예수님을 마음에 모시고 싶은 친구는 함께 기도해요.

기도

사랑하는 하나님, 예수님을 보내 주셔서 감사합니다. 예수님은 우리를 고치시는 분입니다. 우리의 죄와 죽음과 질병까지도 고쳐 주십니다. 예수님이 십자가에서 죽으시고 살아나심으로 우리의 몸은 죽어도, 우리의 영은 영원히 하나님과 함께 살게 될 것을 믿습니다. 이 소망을 날마다 마음에 간직하며 살도록 도와주세요. 예수님의 이름으로 기도합니다. 아멘.

적용

TIP 설교 도입이나 적용으로 활용하거나 영상을 본 뒤 소그룹으로 나누어 풍성한 대화를 이어 갈 수 있습니다.

영화를 볼 때 영화가 끝났다는 것을 어떻게 아나요? 오늘의 영상을 함께 보기로 해요.

적용 예화 영상(지도자용 팩)을 보여 준 후, 다음의 질문으로 이야기를 나눈다.

1 영화가 멈췄을 때 아이는 왜 당황했나요?

2 아이는 왜 영화가 아직 끝나지 않았다고 생각했나요?

3 하나님을 믿는 사람들이 죽었을 때, 우리는 왜 소망을 가지나요? (예수님은 부활이고 생명이시며, 우리의 죽음이 끝이 아니기 때문에)

4 예수님은 왜 죽음을 얼마 남겨 두지 않은 상황에서 이 기적을 행하셨을까요?

우리가 하나님이 우리를 죽은 자 가운데서 다시 살리실 것을 믿을 때 우리의 병이나 죽음으로도 하나님께 영광을 돌릴 수 있어요. **예수님은 나사로를** 죽은 자 가운데서 **살리심으로 죽음을 이기는 능력을 보여 주셨어요.** '부활이요 생명'이신 예수님은 우리 죄 때문에 십자가에서 죽으셨지만 죽은 자 가운데서 다시 살아나셨어요. 예수님은 자신을 믿는 사람들에게 영원한 생명을 주세요.

가스펠 소그룹
(10~20분)

 ## 나침반

따라 말해요 _______________________

준비물 **3단원 암송**(134쪽)

① 아이들을 A팀과 B팀으로 나눈다.

② 인도자가 암송 구절의 한 소절(2~4어절 정도)을 말하고 A팀에 따라 말하라고 한다. 그다음 B팀이 따라하게 한다.

③ 암송 구절 끝까지 따라 말하는 것을 반복하게 한다.

④ 이번에는 B팀이 먼저 인도자를 따라 말하고, A팀이 따라하게 한다.

— 오늘 성경 이야기에서 **예수님이 나사로를 살리심으로 죽음을 이기는 능력을 보여 주셨어요.** 시편 103편 2~3절은 예수님이 우리를 고치시는 분이라고 말해요. 성경에 나오는 사람들처럼 우리도 예수님께 우리를 병과 죄와 죽음에서 구원해 달라고 기도할 수 있어요.

 ## 보물 지도

나사로 성경 퀴즈 _______________________

준비물 **성경**

① 아이들과 오늘의 성경 이야기를 간단하게 복습한다.

② 인도자가 아래의 질문을 하고 답을 맞히게 한다.

④ 답을 잘 말하지 못하면 성경의 장과 절을 알려 주어 참고하게 한다.

1 예수님의 친구 중 누가 병이 들었나요? 나사로 (요 11:1)

2 나사로의 여동생은 누구였나요? 마리아, 마르다 (요 11:1, 21, 32)

3 나사로가 병들었다는 소식을 들은 예수님은 계시던 곳에 얼마나 더 머무셨나요? 이틀 또는 2일 (요 11:6)

4 예수님이 멀리 계신 동안 나사로는 어떻게 되었나요?
죽었다 (요 11:14)

5 예수님이 베다니에 도착하셨을 때 나사로는 무덤에 있은 지 며칠이나 되었나요? 나흘 또는 4일 (요 11:17)

6 예수님이 오셨다는 소식을 듣고 곧바로 달려 나온 사람은 누구인가요? 마르다 (요 11:20)

7 예수님은 자신에 대해 무엇이라고 말씀하셨나요?
부활이요 생명이라고 하셨다 (요 11:25)

8 마르다는 예수님을 어떤 분이라고 믿었나요?
메시아이며 하나님의 아들이라고 믿었다 (요 11:27)

9 예수님은 무덤을 향해 무엇이라고 외치셨나요?
"나사로야 나오라" (요 11:43)

10 예수님은 왜 죽은 사람을 살리셨나요?
하나님의 아들이 이로 말미암아 영광을 받게 하시려고 (요 11:4)

— 정말 대단해요! 죽은 나사로를 살리신 예수님의 이야기를 들으니 어떤가요? 아이들의 대답을 기다린다. 맞아요, 잘 믿어지지 않기도 해요. 지난주에 이어 정말 일어날 수 없는 일들이 계속해서 눈앞에 펼쳐지고 있어요. 하지만 예수님은 하나님의 아들이시며, 능력이 있으신 분이기 때문에 이 모든 일이 일어났다는 것을 믿을 수 있어요. 하나님은 우리를 치료하기 위해 예수님을 이 땅에 보내셨어요. **예수님은 사람들의 어떤 문제를 해결해 주시나요?** 예수님은 사람들의 병을 고치시고, 죄를 용서하시고, 죽음에서 건지세요.

 ## 탐험하기

이야기를 완성해요 _______________________

준비물 **학생용 교재 52쪽, 연필, 성경**

① 빈칸에 알맞은 이름이 무엇인지 보기에 있는 이름 중에 골라 성경 이야기를 완성해 보라고 한다.

② 어려워하는 아이들에게 요한복음 11장 1~7절, 17~44절을 참고하게 한다.

예수님은 **나사로를** 죽은 자 가운데서 **살리심으로 죽음을 이기는 능력을 보여 주셨어요.** 예수님은 "나는 부활이요 생명이니"(요 11:25)라고 말씀하셨어요. 예수님은 우리 죄 때문에 십자가에서 죽으셨지만 죽은 자 가운데서 다시 살아나셨어요. 예수님은 자신을 믿는 사람들에게 영원한 생명을 주세요.

예수님은 ___________

준비물 **학생용 교재 53쪽, 연필**

① 예수님은 누구신지 자유롭게 이야기를 나눈다.

② 자음과 모음을 적절히 조합해 요한복음 11장 25절을 완성하게 한다.

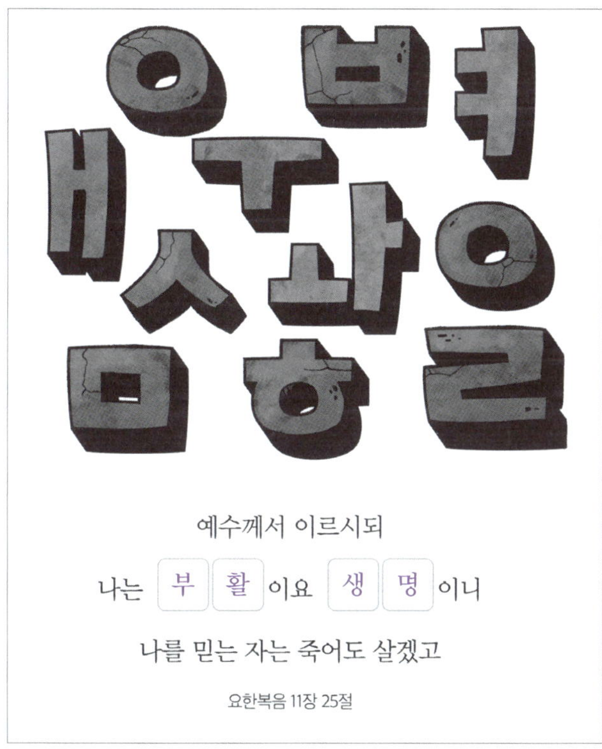

예수님은 "나는 부활이요 생명이니"(요 11:25)라고 말씀하셨어요. 우리는 예수님이 부활이며, 생명이고, 진리라는 사실을 잊어서는 안 돼요. 구원은 오직 예수님에게만 있어요. 예수님만이 하나님께 가는 유일한 길이 되세요. 예수님은 자신을 믿는 사람들에게 영원한 생명을 주세요.

누구에게 도움을 구할까? *

준비물 **표지판('엄마', '약', '지도'), 접착테이프**

① 3가지 표지판(엄마, 약, 지도)을 준비해 예배실의 서로 다른 벽에 붙여 둔다.

② 아이들을 예배실 한가운데에 세운다.

③ 인도자의 설명을 듣고, 그 상황에 가장 도움이 될 것 같은 내용이 쓰인 표지판 앞으로 달려가라고 한다.

> 예) 숲에서 길을 잃었다, 지리 숙제가 어렵다, 아프다, 배가 고프다, 다리가 아프다, 여행 계획을 짜고 있다 등.

④ 상황마다 왜 그런 선택을 했는지 물어본다.

나사로가 병들자 마리아와 마르다는 예수님께 사람을 보내 소식을 전했어요. 하지만 예수님은 바로 오시지 않았고, 나사로는 죽고 말았어요. 마리아와 마르다는 이제 도와줄 사람이 아무도 없고 소망도 없는 상황이라고 생각했을 거예요. 하지만 예수님에게는 죽음을 이기는 힘이 있어요! **예수님은 나사로를 살리심으로 죽음을 이기는 능력을 보여 주셨어요.**

성경은 우리가 죄인이며 죄의 결과로 죽어야 한다고 말해요(롬 3:23, 6:23 참조). 정말 슬픈 소식이지요. 하지만 좋은 소식도 있어요. 하나님이 우리를 사랑하셔서 하나님의 아들 예수님을 보내셨다는 소식이에요.

예수님은 이 땅에 오셔서 완벽한 삶을 사시고, 우리를 대신해 죽으셨어요. 그리고 죽은 자 가운데서 다시 살아나셨지요. 예수님을 믿으면 하나님은 우리 죄를 용서하세요. 예수님은 우리를 죄와 죽음에서 자유롭게 하시고, 우리에게 영원한 생명을 주세요. 언젠가 우리 몸은 죽을지 몰라도, 우리 영혼은 하나님과 영원히 함께 살 거예요.

나사로 달리기 *

준비물 **두루마리 화장지, 마스킹 테이프**

① 예배실 바닥 양쪽 끝에 마스킹 테이프로 출발선과 결승선을 표시한다.

② 아이들을 3~5명씩 묶어 팀을 나누고, 두루마리 화장지를 하나씩 나누어 준다.

③ 인도자가 "출발!"이라고 외치면, 팀원 중 나사로를 한 명 정해 머리끝에서 발목까지 화장지로 감싸게 한다.

④ 팔과 다리는 움직일 수 있도록 따로 감싸야 하며, 눈과 입은 막으면 안 된다고 일러 준다.

⑤ 화장지로 완전히 감싸고 나면 나사로는 출발선에서 결승선까지

뛰어갔다가 돌아와야 한다고 말해 준다.

⑥ 나사로가 먼저 들어온 팀이 이긴다.

── 정말 멋져요! 예수님이 살던 당시에는 죽은 사람의 몸을 잘 씻긴 뒤 좋은 향기가 나는 향료를 발라 천으로 감쌌다고 해요. 그런 다음 무덤으로 사용하는 동굴에 넣어 두었지요. 나사로도 마찬가지였어요. 나사로는 죽었고, 무덤에 들어간 지 4일이나 되었어요! 하지만 무덤도 예수님을 막지 못했어요. **예수님은 나사로를 살리심으로 죽음을 이기는 능력을 보여 주셨어요.** 우리는 모두 영혼이 죽은 죄인들이에요. 하지만 예수님은 죄와 죽음에서 우리를 자유롭게 하실 수 있어요. 우리가 예수님을 주님과 구원자로 믿으면, 하나님은 우리 죄를 용서하시고 우리에게 영원한 생명을 주세요.

보물 상자

나만의 기록장 ────────────

준비물 학생용 교재 54쪽, 연필

① 우리의 몸은 언젠가 죽지만, 예수님을 믿는 사람들의 영혼은 하나님과 함께 영원한 생명을 누릴 수 있다고 말해 준다.

② 죽음과 영원한 생명에 대해 생각해 보고, 궁금한 점들을 적어 보라고 한다.

── 나사로가 병들었다는 소식을 들은 예수님은 나사로의 병이 하나님과 하나님의 아들을 영화롭게 할 것이라고 말씀하셨어요. 그리고 정말 그렇게 되었어요. **예수님은 나사로를 살리심으로 죽음을 이기는 능력을 보여 주셨어요.** 예수님은 자신이 하나님의 아들이며, 죽음을 이기는 능력이 있다는 사실을 증거하셨어요.

메시지 카드 ────────────

이번 주 메시지 카드로 부모님과 함께 오늘 배운 성경 이야기를 나누어 보라고 한다.

기도 ────────────

하나님, 예수님을 우리에게 보내 주시고 죄와 죽음에서 구원해 주셔서 감사합니다. 예수님의 죽음과 부활이 소망이 됩니다. 때때로 예수님의 죽음과 부활이 믿어지지 않을 때가 있습니다. 잘 이해하지 못하더라도 이를 믿는 믿음이 자라게 해 주세요. 나아가 하나님과 함께하는 영원한 생명에 대한 소망을 품고 살아가도록 함께해 주세요. 예수님의 이름으로 기도합니다. 아멘.

교사들을 바라보는 이해의 창

주일학교 교사는 어린이 사역의 생명줄입니다. 매주 아이들을 사랑으로 가르치고 섬기는 교사들이 없이는 사역을 지탱하기 어렵습니다.

그런데도 리더들은 때때로 동역하는 교사들로 인해 좌절하고는 합니다. 교사들은 자주 훈련에 참석하지 않거나, 아이들과 함께해야 할 시간에 구석에서 교사들끼리 이야기를 나누기도 합니다. 예배에 지각하거나, 예배 시작 5분 전에 아파서 못 온다고 전화를 하는 경우도 있습니다. 대신할 사람을 구해 놓지도 않고 훌쩍 휴가를 떠나 버리기도 합니다. 상황이 그러지십니까?

저도 과거에 이런 좌절감을 느꼈습니다. 하지만 교회 전임 사역을 그만두고 '다른 편'에 서 보니, 왜 이런 문제들이 발생하는지에 대해 눈이 뜨이기 시작했습니다. 리더들이 교사들의 형편을 잘 헤아릴 수 있도록 도와줄 5가지 이해의 창을 소개합니다. 사실 모두가 이미 알고 있지만 잠시 잊고 있는 문제이기도 합니다.

1. 교사들은 바쁩니다

여러분이 전임 사역자라면 일주일 중 최소 5일을 교회에서 보낼 것입니다. 하지만 교사들은 다릅니다. 그들은 다른 여러 영역에서 바쁜 일상을 보내고 있습니다. 저도 가끔 이 사실을 잊어버리곤 했습니다. 교사들은 할 일이 많습니다. 직장과 가정에서 감당해야 할 역할이 있습니다. 자녀를 돌봐야 하고, 저녁 식사를 준비해야 하고, 아이들의 숙제를 봐주고, 빨래와 청소를 하거나 최소한 그런 일이 잘 되도록 감독을 해야 합니다. 그리고 다음 일과를 준비해야 합니다. 이는 교사들이 해야 하는 많은 일 중 일부에 불과합니다.

교사들에게 훈련이 얼마나 중요한지 말하거나 훈련 과정을 이수해야만 교회에서 봉사할 수 있도록 하는 특별한 조치를 하지 않는 한, 교사들은 시간을 내어 훈련에 참가하는 것을 포기하거나 훈련의 중요성을 이해하지 못할 수 있습니다.

제안 : 교사들이 참여해야 할 모임을 더 만드는 대신, 교사 훈련을 온라인이나 영상으로 이수하는 방법이나 중요한 공지사항을 이메일로 전달하는 방법과 같은 대안을 고려해 보십시오.

2. 교사들은 성인 공동체에서의 교제가 필요합니다

제가 교회에서 사역할 때 교사들이 주일 성인 공동체 모임이 그리워 주일학교 사역을 그만두는 경우가 종종 있었습니다.

제안 : 교사 공동체를 활성화해 보십시오. 리더와 교사 간의 관계를 돈독하게 하는 시간을 의도적으로 마련하

십시오. 훈련 시간 중에도 느긋하게 대화를 나눌 시간을 만들고, 독서 모임이나 성경 공부 모임을 적극 권유해 보십시오. 교사를 위한 주일 저녁 모임을 만들거나 커피 모임이나 회식 시간을 갖도록 후원해 주십시오.

3. 교사들에게 예상치 못한 일이 발생하기도 합니다

성실하게 역할을 잘 감당하려고 노력하는 교사들에게도 예상치 못한 난감한 일들이 생길 수 있습니다. 토요일 밤에 미리 주일 준비를 마치고 잠자리에 들었다 해도 알람 시계 고장으로 늦잠을 자거나 출발 직전에 아기 때문에 발목이 잡히거나, 가족과 실랑이를 벌이거나 이중 주차를 한 차주와 연락이 되지 않아 출발이 늦어지거나 교통사고 여파로 도로가 막히거나 하는 등의 일로 교회에 늦거나 아예 오지 못하는 상황이 비일비재합니다. 누구나 피곤하고 짜증이 날 만한 상황입니다.

교사들도 자신의 빈자리를 감당해 줄 대체 인력을 구하려고 애씁니다. 대체 인력을 구하는 것이 얼마나 힘든지는 여러분이 누구보다 잘 압니다. 가끔은 아는 사람 모두에게 연락해도 한 사람도 구할 수 없을 때가 있다는 것도 말입니다.

제안 : 교사의 빈자리는 결코 사소한 문제가 아닙니다. 이 일에 최종적 책임이 있는 리더라면 급하게 도움을 청할 수 있는 예비 교사를 미리 확보해 두어야 합니다. 다른 부서와 연계하여 비상시에 서로 대체 교사로 섬겨 주거나 대체 교사를 찾아 줄 사람들의 비상 연락망을 미리 구축해 두는 방법도 제안합니다.

4. 자신의 역할이 얼마나 중요한지 잘 모르는 교사도 있습니다

어떤 교사들은 자기 일을 그저 아이들을 돌보는 일 정도로 생각해 하루쯤은 빠져도 별일 없을 것이라고 생각하기도 합니다. 그들은 자신의 희생과 섬김이 얼마나 값진 것인지 알아야 합니다. 자신이 아이들에게 어떤 영향을 주고 있는지도 알아야 합니다. 하지만 리더들마저도 이런 사실들을 간혹 잊어버립니다.

제안 : 교사들이 여러분에게 얼마나 큰 힘이 되는지 알려 주십시오. 이메일이나 문자를 보내는 대신 직접 손편지를 쓰거나 전화를 걸어 마음을 전하는 것도 좋습니다. "안녕하세요? 오늘 선생님을 생각하면서 하나님께 감사 기도를 드렸어요. 제가 늘 고마워하는 것 아시지요?"라고요. 교회 소식란에 교사 한 명을 지정해 특별한 감사 인사를 실어도 보고, 주일 아침에 관심을 표현하며 인사를 나누어 보십시오.

문제를 해결하는 열쇠는 여러분에게 있습니다. 교사들은 여러분에게 영향을 받습니다. 비전을 나누십시오. 교사들의 삶을 이해하려고 노력하십시오. 주일학교 아이들에게 예수 그리스도의 복음을 전하는 일에 교사들이 얼마나 중요한 역할을 하고 있는지 알려 주십시오. 교사들은 하나님의 계획에 동참하고 있으며, 그들 없이는 여러분의 사역을 감당할 수 없다는 점을 꼭 말해 주십시오.

클리스타 스토츠(Klista Storts)는 라이프웨이키즈(LifeWay Kids)에서 어린 사역 전문가로 일하고 있습니다.
클리스타는 주일학교 사역자들이 그리스도의 사랑을 나누는 일을 잘 감당하도록 돕는 일과 아이들의 삶에 회심의 초석을 놓는 일에 열정을 가지고 있습니다.

예수님은 왜 비유로 말씀하셨나요?

예수님은 하나님과 하나님 나라에 대해

가르치기 위해 비유로 말씀하셨어요.

예수님은 왜 기적을 행하셨나요?

예수님은 기적을 통해 하나님을 영화롭게 하시고
예수님이 하나님의 아들이심을 증거하셨어요.

예수님은 사람들의 어떤 문제를 해결해 주시나요?

예수님은 사람들의 병을 고치시고,

죄를 용서하시고, 죽음에서 건지세요.

예수께서 나오사 큰 무리를 보시고

그 목자 없는 양 같음으로 인하여

불쌍히 여기사

이에 여러 가지로 가르치시더라

마가복음 6장 34절

오직 이것을 기록함은

너희로 예수께서 하나님의 아들 그리스도이심을

믿게 하려 함이요 또 너희로 믿고

그 이름을 힘입어 생명을 얻게 하려 함이니라

요한복음 20장 31절

내 영혼아 여호와를 송축하며

그의 모든 은택을 잊지 말지어다

그가 네 모든 죄악을 사하시며

네 모든 병을 고치시며

시편 103편 2~3절

이웃1	이웃2	이웃3	이웃4
정혁	정혁	정혁	정혁
사라	사라	사라	사라
서연	서연	서연	서연
민준	민준	민준	민준

이웃1	이웃2	이웃3	이웃4
정혁	정혁	정혁	정혁
사라	사라	사라	사라
서연	서연	서연	서연
민준	민준	민준	민준

이웃1	이웃2	이웃3	이웃4
정혁	정혁	정혁	정혁
사라	사라	사라	사라
서연	서연	서연	서연
민준	민준	민준	민준

이웃1	이웃2	이웃3	이웃4
정혁	정혁	정혁	정혁
사라	사라	사라	사라
서연	서연	서연	서연
민준	민준	민준	민준

1권	2권	3권	4권	5권	6권
위대한 복음	**비유와 기적**	**십자가와 부활**	**복음으로 세워진 교회**	**하나님의 편지**	**다시 오실 그리스도**
복음서	복음서	복음서, 행	행	서신서	행, 서신서, 계
1단원 성자 하나님	**1단원** 비유로 말씀하신 예수님	**1단원** 기름 부음 받으신 예수님	**1단원** 능력을 주시는 성령님	**1단원** 인도하시는 하나님	**1단원** 하나님의 계획
1. 아브라함부터 예수님까지 2. 마리아가 하나님을 찬양했어요 3. 예수님이 태어나셨어요 4. 예수님이 성전에 계셨어요 5. 예수님이 세례를 받으셨어요 6. 예수님이 시험을 이기셨어요	1. 씨 뿌리는 농부 비유 2. 용서할 줄 모르는 종 비유 3. 선한 사마리아인 비유 4. 3가지 비유 5. 바리새인과 세리 비유 6. 악한 농부 비유	1. 마리아가 예수님께 향유를 부었어요 2. 예수님이 성전을 깨끗하게 하셨어요 3. 예수님이 제자들과 마지막 식사를 하셨어요 4. 예수님이 잡혀가셨어요	1. 오순절에 성령이 임했어요 2. 걷지 못하는 사람이 걸었어요 3. 스데반이 고백했어요 4. 빌립이 에디오피아 사람을 만났어요 5. 베드로가 고넬료를 만났어요	1. 바울과 베드로가 만났어요 2. 고린도 교회가 나뉘었어요 3. 야고보가 편지를 보냈어요 4. 서로 사랑해요 5. 바울이 교회 지도자들에게 편지를 보냈어요	1. 복음을 막을 수 없어요 2. 바울이 총독 앞에 섰어요 3. 바울이 로마에 가게 되었어요 4. 감옥에서도 하나님을 찬양했어요 5. 바울이 골로새 교회에 편지를 보냈어요
2단원 우리와 함께 계시는 하나님	**2단원** 기적을 행하신 예수님	**2단원** 구원자 예수님	**2단원** 보내시는 하나님	**2단원** 변화시키시는 하나님	**2단원** 하나님을 위해 매인 자들
7. 니고데모가 예수님을 찾아왔어요 8. 세례 요한이 예수님에 관해 말했어요 9. 예수님이 사마리아 여인을 만나셨어요 10. 예수님이 고향에서 거절당하셨어요 11. 예수님이 삭개오를 만나셨어요	7. 예수님이 물로 포도주를 만드셨어요 8. 예수님이 하늘의 떡을 주셨어요 9. 예수님이 물 위를 걸으셨어요	5. 예수님이 십자가에 못 박히셨어요 6. 예수님이 부활하셨어요 7. 예수님이 엠마오로 가는 제자들을 만나셨어요	6. 바울이 회개하고 세례를 받았어요 7. 바울이 복음을 전했어요 : 첫 번째 여행 8. 권면의 편지를 보냈어요 9. 바울이 복음을 전했어요 : 두 번째 여행 10. 바울이 유럽에서 복음을 전했어요 11. 바울이 복음을 전했어요 : 세 번째 여행	6. 하나님의 자녀답게 살아요 7. 변화된 마음 8. 성령의 열매를 맺었어요 9. 하나님의 전신갑주를 입어요 10. 가진 것을 나누어요 11. 믿음으로 살아요	6. 바울이 빌레몬에게 편지를 보냈어요 7. 바울이 소망을 전했어요 8. 믿음을 지키라고 말했어요 9. 다시 오실 예수님을 기다려요
	3단원 고치시는 예수님	**3단원** 부활하신 왕 예수님			**3단원** 만물을 새롭게 하시는 하나님
	10. 예수님이 중풍 병자를 고치셨어요 11. 예수님이 귀신 들린 사람을 고치셨어요 12. 예수님이 여인을 고치시고 소녀를 살리셨어요 13. 예수님이 나사로를 살리셨어요	8. 예수님이 제자들에게 나타나셨어요 9. 예수님이 도마에게 나타나셨어요 10. 예수님이 베드로에게 나타나셨어요 11. 예수님이 지상 명령을 주셨어요 12. 예수님이 하늘로 올라가셨어요 13. 예수님을 보내신 하나님을 찬양해요			10. 요한의 환상 11. 일곱 교회를 향한 하나님의 경고 12. 보좌에 앉으신 예수님 13. 마라나타 : 예수님! 어서 오세요

※세부 내용은 사정에 따라 변경될 수 있습니다.

신약2 성경의 초점과 주제

1단원 **비유로 말씀하신 예수님**

Q 예수님은 왜 비유로 말씀하셨나요?

A 예수님은 하나님과 하나님 나라에 대해 가르치기 위해 비유로 말씀하셨어요.

1. 복음을 듣는 사람 모두가 복음을 믿는 것은 아니에요.
2. 우리가 다른 사람을 불쌍히 여기도록 하나님이 우리에게 긍휼을 베풀어 주셨어요.
3. 예수님이 우리를 사랑하시듯이 우리도 다른 사람을 사랑해야 해요.
4. 예수님은 잃어버린 자들을 찾으시고 구원하세요.
5. 하나님은 교만한 자를 버리시고 겸손한 자에게 은혜를 베푸세요.
6. 하나님은 예수님을 영접하지 않는 사람들을 심판하실 거예요.

2단원 **기적을 행하신 예수님**

Q 예수님은 왜 기적을 행하셨나요?

A 예수님은 기적을 통해 하나님을 영화롭게 하시고 예수님이 하나님의 아들이심을 증거하셨어요.

7. 예수님의 첫 번째 기적은 물로 포도주를 만드신 일이에요.
8. 예수님이 보리떡 5개와 물고기 2마리로 5천 명이 넘는 사람을 먹이셨어요.
9. 물 위를 걸으신 예수님은 진정한 하나님의 아들이세요.

3단원 **고치시는 예수님**

Q 예수님은 사람들의 어떤 문제를 해결해 주시나요?

A 예수님은 사람들의 병을 고치시고, 죄를 용서하시고, 죽음에서 건지세요.

10. 예수님은 중풍 병자를 고치시고 그의 죄를 용서하셨어요.
11. 악을 이길 능력은 오직 예수님께만 있어요.
12. 예수님은 병든 여인을 고치시고 죽은 소녀를 살리심으로 메시아의 능력을 보여 주셨어요.
13. 예수님은 나사로를 살리심으로 죽음을 이기는 능력을 보여 주셨어요.